은혜의 산맥을 따라가는

54주간의 성경여행 신약편

Journey through the BIBLE in 54 weeks

Journey through the BIBLE in 54 weeks
은혜의 산맥을 따라가는
54주간의 성경여행 제2권 신약편

펴낸이 / 유성준
펴낸곳 / 열린출판사

1판1쇄 펴낸 날 / 2008년 11월 30일
등록번호 / 제2-1802호
등록일자 / 1994년 8월 3일
주소 / 서울 중구 인현동2가 192-20 정암프라자 504호
전화 / (02)2275-3892 팩스(02)2277-6235

ISBN 89-87548-45-6

값 10,000원

은혜의 산맥을 따라가는

54주간의 성경여행 신약편

Journey through the BIBLE in 54 weeks

추 천 사

신앙성숙을 돕는 깊이와 흥미가 있는 성경학습서

목회현장에서 가장 심각한 문제는 성도들의 신앙성숙과 삶의 변화의 문제입니다. 신앙의 성숙은 신학적 논리로 이루어지는 것이 아니라 은혜의 체험과 성경말씀의 실제적 적용이 일체화를 이룰 때 가능하다 할 것입니다. 미국 이민목회 20여년을 경험하고 귀국하여 한국교회 갱신을 위한 "세이비어교회 모델' 제시로 너무나 잘 알려진 저자가 정리한 『은혜의 산맥을 따라가는 54주 성경일주』는 바로 말씀의 깨달음과 은혜의 체험을 삶에 연결 시켜주는 성경학습 교재입니다. 단순히 안다는 차원을 넘어 은혜로 말미암은 하나님의 의를 발견한다는 것은 매우 중요한 신앙훈련이라고 생각합니다. 건강한 교회를 추구하는 목회자, 목회후보자, 그리고 평신도들께 기쁨으로 이 책을 추천합니다.

– 정양희 감독(기독교대한감리회 삼남연회)

참된 교회의 목회영성이 핵심인 성경교육의 좋은 지침서

유성준 목사님은 22년간 미국에서 목회를 하고 귀국하여 2004년부터 협성대 교수로 임용되어 그의 관심인 참된 교회의 모델에 대한 제시로 한국교회에 놀랍고 신선한 충격을 주어 풍성한 열매를 맺는 것을 보게 됩니다.

유목사님은 21세기 가장 혁신적인 교회의 모델인 세이비어교회 사역을 목회 현장에 적용할 수 있는 방법들을 두 권의 저서를 통하여 소개하였습니다. 특히 세이비어교회의 핵심사역인 소그룹사역공동체가 존 웨슬리의 영향을 받았다는 점에서 감리교 목회자로서 깊은 도전을 받았고 목회자들과 예비목회자들에게 이 교회의 정신과 비전을 지속적으로 나눌 필요가 있다고 생각하였습니다.

특히 이 시대 교회가 참된 교회가 위해서는 바른 교회관과 목회 철학이 있어야 하며 그에 근거해 각자의 목회 상황과 은사에 따라 목회 전략을 세우고 구체적인 프로그램을 준비해야 한다는 것을 깨닫게 됩니다. 이제 유 목사님께서 참된 교회의 목회철학의 영성의 핵심인 성서교육과 훈련을 위하여 좋은 지침서가 될 "은혜의 산맥을 따라가는 54주 성경일주" 출판을 통해 한국교회가 더욱 더 영성과 사역의 균형을 이루는 교회들로 세워지는 기회가 되기를 바라며 이에 기쁨으로 추천합니다.

– 유기성 목사(선한목자교회)

적절한 개요 정리, 그림과 사진 자료들이 독자의 이해를 돕는 성경학습서

신학교 입학시절부터 삼십여 년 간 삶을 함께 한 절친한 동역자인 유성준 목사님은 온화함 속에 불타는 열정이 숨겨져 있는 사람입니다. 그 열정은 유목사님으로 하여금 교회와 성도들의 회복과 부흥을 향해 끊임없이 헌신하게 합니다. 이 '54주간의 성경여행' 은 신학훈련을 받지 않은 성도들도 성경 66권의 핵심적인 맥을 짚으며 그 흐름을 쉽게 파악할 수 있도록 준비된 책이며, 무엇보다 그 동안 저자가 현장에서 직접 이끈 소그룹 성경공부들을 통해 검증이 된 책입니다. 적절한 개요 정리, 그림과 사진 자료들이 독자의 이해를 돕는 것도 이 책의 장점이라 할 수 있습니다. 이 책을 통해 성도들의 건강한 영성의 기초가 하나님의 말씀 위에 튼튼하게 형성되기를 함께 소원합니다.

– 한상호 목사(주안감리교회)

목회자후보생, 평신도 리더의 성경훈련 및 전교인 공과교재로 적극 추천

『은혜의 산맥을 따라가는 54주 성경일주』는 창세기부터 요한계시록까지 신구약의 이해를 돕는 은혜로 정리한 성경총서라고 할 수 있습니다. 누군가를 가르치기 위한 일방적 지침서라기보다 작은 공동체가 모여 말씀을 통해 믿음과 사랑의 교제를 더욱 돈독히 하는 신앙교제의 가교역할을 할 수 있는 책이라고 봅니다. 물론 홀로 조용히 성경책과 더불어 살펴보는 것도 매우 은혜롭겠지만 소그룹이 서로가 묵상하고 깨달은 바를 나누며 진리의 참맛과 기쁨을 누릴 수 있는 시대에 적절한 교재라고 생각합니다. 많은 교회가 다양한 성경교재로 공부하겠지만 성경의 역사를 통해 하나님과 인간의 관계회복, 성경의 인물과 상징을 통해 깨닫게 되는 하나님 사랑의 계시를 체계적으로 잘 정리된 교재로서 목회자와 평신도 리더 훈련은 물론 전 교인과 함께 할 수 있는 공과교재로도 활용할 수 있어 적극 추천하는 바입니다.

– 박기서 목사(부천밀알교회)

교회 제자훈련이나 공과교재로 적합한 세미나식 성경교재

단순히 책을 읽는 방식의 성경통독이 아니라 성경의 다양한 내용과 배경에 대한 기본 지식을 습득하며 재미있게 읽어 내려가는 성경통독을 하고 싶어 하는 분들로부터 자주 받게 되는 질문 중의 하나는 "어디 좋은 안내서 없습니까?" 입니다. 그 때마다 적당한 서적이 없어 난감해 했는데, 이번에 협성대학교 교목실장인 유성준 목사님께서 이러한 요구에 부합하는 『은혜의 산맥을 따라가는 54주 성경일주』를 마련하여 많은 사람들의 갈증을 풀어주게 되었습니다. 다양한 시대, 다양한 저자들에 의해 기록된 성경 각 권의 개요와 역사적 배경, 인물, 지도 등을 순서대로 적절히 배치하여 시각적인 효과와 더불어 가독성(可讀性)을 높이고 있습니다. 질문을 따라 성구를 찾다보면 쉽게 내용이해에 도달하게 되는 세미나식 성경교재로 교회 제자훈련이나 공과교재 등 다양하게 활용할 수 있을 것으로 사료되어 추천하는 바입니다.

– 서명수 교수(협성대학교 · 구약학)

서 문

저는 미국에서 20여년 목회를 하다가 2004년에 모교인 협성대학교에 돌아와 강의와 학원목회를 함께하는 사역을 감당하게 되었습니다.
21세기 들어와 더욱 두드러진 교회위기론과 그 현상들은 목회자인 저에게는 참으로 부끄럽고 두려운 기도제목이기도 합니다.

한국사회와 교회에 초대교회의 원형을 회복하기 원하는 참된 기독교 공동체의 대안모델(Alternative Model)로 제가 미국에서 경험한 작은 공동체 세이비어 교회를 한국교회에 전하게 되었습니다. 저의 간절한 기도는 미국을 움직이는 이 작은 교회의 놀라운 능력과 교인들의 변화된 모습을 오늘의 한국교회에 적용하고 싶었습니다.

2005년도에 세이비어교회의 영성과 사역을 소개했던 '미국을 움직이는 작은 공동체 세이비어교회' 출간 후 교계와 신학계에 큰 반응을 일으킨 것은 전적으로 한국교회를 사랑하시는 하나님의 응답이었습니다.
저는 이어서 세이비어교회의 작은 공동체 운동의 핵심목회철학인 소그룹 사역공동체의 사역원리와 실제를 어떻게 한국교회에 접목되어 뿌리내릴 것인가 사례를 모아서 교회부흥의 새로운 패러다임을 제시한 책 '세이비어교회 실천편-참된 교회를 이끄는 작은공동체'를 2007년에 발간하여 교회를 사랑하고 교회정체성의 회복을 갈망하는 많은 목회자와 그리스도인에게 읽혀지게 된 것은 참으로 감사한 일이었습니다.

이제 저는 초대교회의 원형을 회복하는 작은 공동체운동에서 좀 더 본질적인 문제에 접근해보기로 했습니다.

그것은 다름 아닌 기독교 영성의 핵심인 성경의 본질로 돌아가는 것입니다.

오늘날 교회가 세상문화에 중독되고 이성에 매몰되며 합리성이라는 달콤함으로 다원주의의 교묘한 침투를 방관한다는 것은 심각한 일이 아닐 수 없습니다.

저는 미국에서 목회하면서 사용하였던 평신도 성경교재를 이번에 새롭게 구성하여 성경 66권을 소그룹 성경공부용으로 엮어내게 되었습니다.

이 책이 '54주간의 성경여행' 라는 제호로 나오게 된 것은 소그룹이 모여 1년간의 시간을 가지고 매주 정해진 날에 모여 함께 성경의 가장 핵심적인 맥을 짚으며 삶을 나누며 서로의 삶을 위해 기도하며 교제하는 데 도구로 쓰임받기 원해서입니다.

저는 이 교재를 교우들에게 수요일 저녁에 강해한적이 있고 학교에서는 점심시간에 성경공부 교재로 (Lunch Break Bible Study)교직원들과 함께 지난 2년동안 공부하며 은혜를 나누었습니다. 또한 이책은 혼자서도 경건훈련을 위한 교재로도 (Self Bible Study)사용할 수 있을 것입니다.

이 책이 여러분에게 성경이 살아있는 하나님의 말씀이고 그 말씀은 우리의 삶을 좀 더 자유롭고 풍성하며 빛나게 인도하는 작은 다리가 되길 원합니다.

끝으로 이 책을 발간하기에 자료 제공과 도움을 주신 미국 오클라호마 타미 하이글(Tommy Higle)목사님과 번역작업을 도와준 사랑하는 친구 미국 버지니아주 온누리비젼교회 담임 이근호 목사님과 편집작업을 도와주신 열린문서선교연구원 김윤환 대표에게도 깊은 감사를 드립니다.

아무쪼록 하나님을 믿는 모든 사람이 성경중심의 삶을 통해 교회원형을 회복하는 일꾼으로 자라나길 간절히 바랍니다.

2008년 가을이 오는 문턱에서

봉담골에서 유 성 준

목차

제8장 일반서신

제9장 요한계시록

NOTE

제 5 장

새로운 시대가 열리다

제26주 신약의 소개

Ⅰ. 신 구약 중간사

구약과 신약사이에는 400년이라는 오랜 기간의 역사적 큰 간격이 있습니다. 이 기간 동안 팔레스타인에 살던 유대인들 사이엔 수많은 변화가 일어났습니다. 그러므로 우리가 구약에서 신약으로 갈 때 우리는 우리자신이 완전히 다른 세계에 있다는 사실을 알게 될 것입니다. 시간상 우리가 이 기간을 자세히 연구할 수는 없지만 간략하게 발생했던 변화들을 알아보려 합니다.

우리가 구약을 마쳤을 그 당시 유대인들은 바사의 지배 아래 있었습니다. B.C.332년에 예루살렘은 알렉산더 대왕이 이끄는 헬라에 넘어갔습니다. 그는 B.C.323년 그가 죽을 때까지 유대인들을 지배했습니다. 그리고 나서 유대인들은 B.C.301년경 톨레미가 이끄는 애굽의 지배하에 들어오게 되었습니다. B.C.198년경 시리아는 톨레미를 멸망시켰습니다. 시리아의 정복과 함께 유대인들에게는 가장 끔찍한 기간 중 하나가 찾아왔던 것입니다. 성전은 더럽혀지고 거짓 신상들이 세워졌습니다. 이것은 유대 역사의 다음 기간인 마카비 시대를 일으키게 됩니다.

마카비 가문은 모든 유대 역사상 가장 뛰어난 가문중의 하나입니다. 그들은 모든 유대인들을 위해 종교적 자유를 보장할 것을 초래하는 혁명을 이끌었습니다. 유대인들은 괴롭힘을 당하지 않고 그들이 원하는 대로 예배를 드리도록 허락을 받았으며 약 30년간 정치적으로 자유를 얻었습니다. 바리새파와 사두개파가 유대인들 사이에서 두 개의 강력한 종교적 단체가 된 것은 바로 이

기간 동안이었습니다.

그 후 B.C.63년에 로마 장군 폼페이가 등장하게 되었고 그와 함께 히브리 독립시대는 끝을 맺게 되었습니다. 유다는 로마제국의 한 영토가 되어졌습니다. 이것이 그리스도의 시대에 세계를 지배하던 제국이었습니다.

구약의 끝과 신약의 처음 사이에 수많은 새로운 단체들과 의식들이 생겨났습니다. 이 변화들을 이해하기 위해서 당신은 다음의 용어들과 친숙해질 필요가 있습니다.
성경사전을 사용해서 다음 용어들을 정의해 보십시오.

바리새파 ______________________________

사두개파 ______________________________

서 기 관 ______________________________

회　　당 ______________________________

산헤드린 ______________________________

사마리아인 ______________________________

세　　리 ______________________________

백 부 장 ______________________________

Ⅱ. 신약의 정경(Canon)

우리의 신약을 구성하고 있는 책들은 1세기 후반의 기간동안 씌어진 것입니다. 복음이 전파되고 로마제국 전역에 교회가 시작됨에 따라 문자로 기록되는 것에 대한 필요성이 일어났습니다.

예수님의 사도들은 새 교회들을 각각 다 방문할 수가 없었으며 더구나 그들은 나이가 들어가고 핍박을 받았기 때문에 그들의 지식은 보존되어야만 했습니다. 모든 교회들은 이 사도들이 신성의 영감 아래서 썼다는 것과 신성의 권위로 그들을 가르쳤다는 것을 인식했습니다.

주 예수 그리스도는 성령님께서 그들에게 모든 것을 가르치시고 그가 그들에게 가르치신 모든 것을 생각나게 하시겠다고 약속하셨습니다. < 요14:26, 16:13 >

그러므로 사도들은 제국 전역에 있는 여러 교회들을 가르치는 수단으로써 서신들을 사용했습니다. 사도 베드로는 그의 생애 말기에 글을 쓰면서 이미 그 당시 유통되고 있는 바울의 편지들을 언급하고 있으며, 그것들을 영감 있는 성경으로 구분하고 있습니다. <베드로후서 3:15-16 >

이 사도들의 글들이 수집되고 정리되어져 오늘날 우리가 신약이라고 부르게 된 것입니다.

신약의 책들을 모으는 것은 참으로 필요한 일이었습니다.

복음서와 몇몇 서신서들은 예수님의 죽으심 이후 한 세대 안에 교회들 사이에서 유통되었습니다. 신약의 27권의 책들은 8명의 사람들에 의해 씌어졌습니다.

그들을 열거하십시오:

1.____________________ 2.____________________

3.____________________ 4.____________________

5.____________________ 6.____________________

7.____________________ 8.____________________

NOTE

제 6 장
복음서와 사도행전

실질적으로 예수 그리스도의 지상에서의 사역에 관해 우리가 알고 있는 모든 것은 네 복음서에 기록되어 있습니다. 예수님은 유대인이셨으나 유대 역사가들은 그 분에 관해 거의 자료들을 제공하고 있지 않습니다.

유대 역사가 중에서 가장 유명한 사람은 1세기 말엽에 살았던 요세푸스인데 그의 아주 상세한 연대표에서도 생존했던 유대인들 중에서 가장 유명한 예수님에 관해서 거의 언급조차 하지 않고 있습니다. 그러므로 우리는 반드시 복음서에 의존해야 하는 것입니다.

'복음'이란?

복음서의 네 저자는 '복음 전도자'로 불리우는데 그 말이 헬라어 원뜻은 "좋은 소식을 가져 오는 자"라는 말입니다. 처음 세 복음서는 그 배열과 내용이 비슷하므로 인해서 "공관복음"이라고 불리워집니다.

실제로 복음은 하나입니다. 단지 한 분 그리스도를 네 개의 다른 모습으로 그린 것입니다. 왜 하나의 분명한 복음서로 충분하지 않을까요? 네 복음서를 각기 간략하게 봄으로써 알아기로 하겠습니다.

마태복음

마태는 알패오의 아들로서 예수님의 12제자 중 하나입니다. 예수님께서 그를 만났을 때 그는 레위로 알려진 세관원이었습니다.

마태는 예수님의 왕권을 강조하고 있습니다. 그의 책은 예수님의 왕의 후손의 계보로 시작합니다. 그는 왕국에 대하여 계속 되풀이해서 말하고 있습니다.

이 복음서의 한가지 뛰어난 특징은 그 목적이 유대인들에게 호소하기 위한 것이라는 점입니다. 유대적인 용어들과 표현들이 이 책 전체에 산재해 있습니다. 여러번 마태는 '성경이 이루어짐이다'라는 구절을 사용하고 있습니다. 이 복음서가 유대인들에게 예수님은 메시야라는 사실을 확인시키기 위해 씌어진 것이라는 사실은 의심할 여지가 없는 것입니다.

마가복음

이 책의 저자는 바울과 바나바의 조력자였던 요한 마가입니다. 이 책은 네 복음서 중 가장 간략한 것입니다. 그것은 예수님의 탄생, 소년기와 사역의 준비과정을 생략하고 단순히 그분의 사역으로 시작하고 있습니다. 마가는 단 네 개의 비유만 기록하는 등 예수님의 말씀을 많이 기록하고 있지는 않지만 20개의 이적을 기록하고 있습니다. 그러므로 마가는 예수님의 이적과 능력을 강조하고 있음을 우리는 볼 수 있습니다. 그는 능력과 성취의 사람들인 로마인들을 확신시키기 위하여 이 책을 썼습니다.

누가복음

누가는 신약에서 유일한 이방인 저자임으로서의 특징을 갖고 있습니다. 그는 제 2 차 선교 여행과 제 3 차 여행의 한 부분을 바울과 함께 했으며 로마에서 바울과 함께 머물렀습니다. 바울은 누가를 사랑 받는 의원(골4:14)로 언급하고 있습니다. 누가가 의사 과학자라는 사실은 이 복음서의 의의를 더해주는 것입니다. 그는 예수님의 출생에 관한 경위를 가장 상세히 말해 주고 있으며 예수님의 치유의 사역에 많은 주의를 기울이고 있습니다.

누가의 복음서의 보편성은 지나칠 수 없는 것입니다. 모든 이들에게 미치는 천사의 기쁜 소식, 선한 사마리아인의 이야기, 그리고 예수님께서 모든 이들을 위해 죽으신 것을 모든 이들이 알기 원하는 것에 대해 누가의 관심을 보여 주는 다른 수많은 구절들. 그러므로 우리는 누가가 이방인들로 하여금 예수님께서는 그들의 구세주도 되시기를 원한다는 사실을 알게 하기 위하여 이 글을 썼다는 것을 쉽게 추리할 수 있습니다.

요한복음

요한은 12제자들 중의 하나였으므로 인해서 그의 복음서에서 그가 말하고 있는 것들의 대부분을 목격한 증인이었습니다. 그의 책은 다른 세 복음서보다 훨씬 나중에 씌어졌으며 그는 예수님의 신성을 증거하는데 관심을 기울였습니다. 예수님의 신성을 믿지 않던 영지주의자들은 아주 공격적이었으며 그래서 요한은 예수님께서 영원하신 분이며 성육신 하신 하나님의 아들이심을 보이기 위해 그의 복음서를 기록하였습니다. <요한복음 1장>

****

아래의 도표를 보시고 다음의 질문들에 대답하십시오.

바울 서신서는 몇 개가 있습니까?________________

예언서는 몇 개가 있습니까?________________

신약에는 몇 개의 구분이 있습니까?________________

서신서의 대부분은 누가 기록했습니까?________________

바울 서신서를 구분해서 열거하십시오:

1.__________ 2.__________ 3.__________

신약의 도표

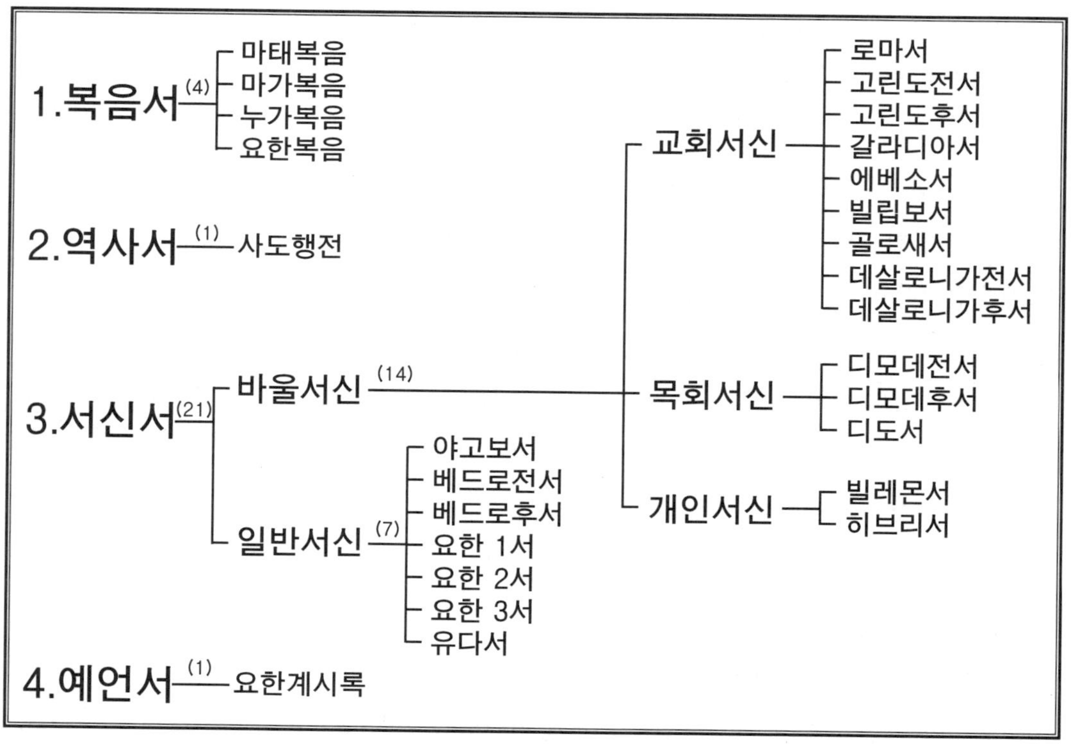

복음서 비교표

주제 / 책	마태복음	마가복음	누가복음	요한복음
예수를 보는 시각	약속된 메시야 (슥9:9)	순종과 희생의 종 (사42:1)	흠없는 인자 (슥6:12)	성육신하신 성자 (사40:9)
예수의 이미지 (계4:–, 겔1:)	사자(첫째 생물)	소(둘째 생물)	인자(세째 생물)	독수리(네째 생물)
그리스도의 사역	왕으로 오심	종으로 오심	사람으로 오심	성자로 오심
대상	유대인	로마인	헬라인	온 세상 사람
주제	그리스도가 약속된 하나님의 나라를 도래시킴	그리스도가 하나님 아버지께 순종하여 세상을 이김	그리스도가 완전한 인간의 모습으로 하나님과 인간사이에 중보자가 되심	그리스도의 신성과 그에 대한 믿음의 당위성
표제	무리를 가르침, 열두제자를 가르침, 늘어나는 환영, 적대감	말씀과 표적, 고난과 죽음	수많은 기적, 비유, 잃어버린자를 찾음, 구원	위안, 믿게하려함, 생명을 얻게함
특징	구약의 에언 성취를 강조	주님의 행적을 강조하는 짧은 복음서	사건자체를 자세히 설명한 가장 긴 복음서	사건안에 담긴 교리해설에 촛점
족보	有:왕의신분을입증함 (마1:1–17)	無:종은 족보가 없음	有:인간임을입증함(눅3:23–38)	無:하나님은 족보가 없음
성격	예언적(계시적)	실제적(현실적)	역사적(사실적)	영적
공통내용비율	58%(42%)	93%(7%)	41%(59%)	8%(92%)
최후진술	메시아임을 부활로증명	영광속에 승천	남은자들에게 성령을 약속	재림약속
주요시제	과거	현재	미래	영원
신학적강조점	새율법	예수님의 능력	예수님의 은혜	예수님의 영광
핵심구절	마5:17	막10:45	눅19:10	요20:30, 31
핵심단어	이루어진(15회사용)	곧(40회 사용)	인자(26회사용)	믿음(98회사용)
저자의 직업	세리	부유한집안출신의 선교사	의사	어부
저자의 유형	교사가	설교	역사가	신학자
주요문체	HY중고딕설교	영웅전기	역사서	교리서
저자의 강조점	그리스도의 설교	그리스도의 기적	그리스도의 비유	그리스도의 교리
장소	베들레헴, 나사렛, 갈릴리, 예루살렘	갈릴리와 베뢰아, 예루살렘	갈릴리, 예루살렘	팔레스틴, 유대와 갈릴리
시간	4B.C – A.D 33	A.D 29–33	30년, 2년, 6개월, 8일, 50일	몇년, 몇시간, 몇주간
기록연대	A.D. 70년경	년경A.D. 70년경	A.D. 70년경	A.D. 90년경
장 수	28장	16장	24장	21장

예수님에 대한 사탄의 4가지 시험
(마태복음 4장)
작품 Three Temptations of Christ–
BOTTICELLI, Sandro(1481–82)

제27주 마태복음

레위라고도 불리우는 마태는 예수님의 12제자 중의 하나가 되기 전에는 미움받던 세리였습니다. 그의 복음은 특별히 유대인들에게 예수는 오랫동안 고대하던 메시야요 다윗의 자손이며 구약의 예언을 성취하신 분임을 확신시키기 위하여 씌어진 것입니다. 그러므로 마태는 '성경을 이루시기 위함이라' 는 구절을 사용함으로써 예수님의 생애와 구약의 예언들을 자주 연결시키고 있습니다.

마태복음의 개요 :

Ⅰ. 왕의 배경과 준비 < 1-4장 >

Ⅱ. 천국의 법 < 5-7장 >

Ⅲ. 왕의 능력에 대한 반대 < 8-12장 >

Ⅳ. 천국에 관한 비유 < 13장 >

Ⅴ. 왕의 배척당하심 < 14-18장 >

Ⅵ. 유다의 왕 < 19-28장 >

****

Ⅰ. 왕의 배경과 준비 < 1-4장 >

마태의 복음의 주제는 처음 구절에서 발견되어집니다. 왜 그가 그리스도의 계보로써 시작했다고 생각하십니까? < 18면 참조 >

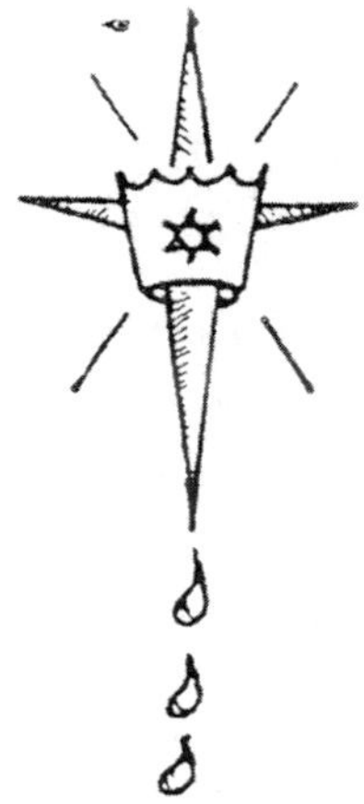

____

____

____

1장에서 예수님에게 주어진 이름들을 열거하십시오:

1.______________<1:16> 2.______________<1:21>

3.______________<1:23>

예수님의 출생에 관한 마태의 기록은 예수님을 왕으로서 경배하기 위해 온 동방박사들을 강조하고 있습니다. 그의 복음서는 이 사건에 대한 유일한 기록입니다.

2장과 3장 사이에는 30년의 공백기간이 있습니다. 예수님의 선두 주자의 설교는 메시야 출현의 신호였습니다. 예수님의 선두 주자는 누구였습니까? < 3:1 >

____

나사렛에 관한 불명료한 것들을 남겨두고 예수님은 세례요한에게 세례를 받기 위해 요단강으로 내려갔습니다. 이 세례에서 하나님은 3위일체라는 진리가 드러나게 되었습니다. 3위의 각 분은 어떻게 나타나고 계십니까? < 3:16-17 >

성부 하나님 ______________________________

성자 하나님 ______________________________

성령 하나님 ______________________________

역사상 첫 번째 유혹은 에덴동산에서 발생했습니다. < 창3:1-7 >

■ 마태복음

1. 기록자 : 마태
2. 기록연대 :
   A.D. 50~70년 사이
3. 기록장소 :
   안디옥에서 기록했을 가능성이 높다.
4. 기록대상 :
   주로 유대인들을 대상으로 기록했다. 그러나 기독교인이 된 이방인들을 위해서도 기록했다.
5. 핵심어 및 내용 :
   마태복음의 핵심어는 "성취"와 "천국"이다. 마태는 참으로 예수님이 오심으로써 세상의 구세주인 메시야의 시대가 도래한다는 약속이 성취 됐다는 주장을 더 확실히 뒷받침하기 위해서 구약의 모든 부분에서 말씀을 인용한다. 또한 마태는 하나님께서 그리스도 안에서 현존하시고 인간의 삶을 다스리신다는 복음을 소개하기 위해서 반복적으로 천국이란 용어를 사용한다. 신약 가운데 이 용어는 마태복음에서만 나타난다.

둘째 아담이신 예수님이 받으신 유혹은 광야에서 발생했습니다. < 마4:1-11 > 이 둘 사이의 대조는 죄가 초래한 파멸을 보여주고 있습니다.

사탄은 먼저 돌들이 변하여 떡이 되게 하라고 예수를 유혹합니다. < 4:3 >
예수님의 대답은 무엇이었습니까?

____

다음 사탄은 예수를 성전 꼭대기에서 뛰어내림으로써 하나님의 돌보심을 시험해 볼 것을 요구합니다. 예수님의 대답은 무엇이었습니까? < 4:7 >

____

마지막으로 사탄은 만일 예수께서 그에게 엎드려 절하면 온 세상을 예수에게 주겠다고 했습니다. 예수님은 무엇이라고 말씀하셨습니까? < 4:10 >

____

모든 세 유혹에서 예수님은 사탄을 대적하시기 위해 성경을 인용하셨음을 주목하십시오. <신8:3, 6:13, 6:16> 이것은 우리가 만일 사탄의 유혹을 대적하여 승리하기 위해서는 성경을 아는 것(외우는 것)이 얼마나 중요한가를 우리에게 가르쳐 주고 있습니다.

Ⅱ. 천국의 법 < 5-7장 >

예수님에 의해 부르심 받기 선 마태는 세리였으므로 자세한 기록들을 보관하는데 익숙해 있었습니다. 이 장점은 복음서에서 뚜렷이 나타나는데 왜냐하면 마태는 다른 복음서 기자들에 의해서 생략된 많은 세부 사항들을 포함시키고 있기 때문입니다. 그 한 예로는 가장 정밀하게 기록된 산상수훈이 있습니다.

산상수훈에서 찾아 볼 수 있는 가장 유명한 문맥들을 아래에 열거해 놓았습니다. 그것들은 무엇이라 불리웁니까?

5:3-12 ______________________________

6:9-13 ______________________________

7:12 ______________________________

Ⅲ. 왕의 능력에 대한 반대 < 8-12장 >

이제 우리는 마태복음의 새로운 부분으로 오게 되었는데 거기서 저자는 예수님의 기적들을 기록함으로써 그분의 능력을 보여주려고 시도하고 있습니다. 8장과 9장에서 마태는 독자들에게 예수님은 구약에서 약속된 메시야의 능력을 소유하고 계심을 입증하기 위해 열 가지의 다른 기적들을 함께 묶어 놓고 있습니다.

10-11장에서는 예수님은 12제자들을 부르시고 그들에게 그분의 능력을 주시며 장차 올 반대를 그들에게 경고하십니다. 12장에서 그 반대는 공격적이 되어집니다.

Ⅳ. 천국에 관한 비유 < 13장 >

'천국' 이란 단어는 이 복음서에서 50번 이상이나 사용되고 있으며 하나님의 나라라는 문구는 마태복음에서 30번 이상 찾아 볼 수 있는 반면 다른 세 복음서에서는 전혀 나타나지 않습니다. 마태복음에 기록된 15개의 비유 가운데 세 개를 제외한 모두가 '천국은...와 같다' 는 문구로 시작됩니다.

예수님의 메시지에 대한 반대가 심해진 것은 예수님으로 하여금 그분의 메시지를 선포하는데 새 방법을 채택하시도록 하였으니---그것이 곧 비유입니다.

____

____

예수님은 왜 그가 비유들을 사용하신다고 말씀하고 계십니까? < 13:10-17 >

____

____

Ⅴ. 왕의 배척당하심 < 14-18장 >

14장은 슬픔(세례요한의 죽음)과 기쁨(5,000명을 먹이심)으로 점철되었습니다. 이 오천명을 먹이신 사건은 네 복음서에 모두 기록되어진 유일한 기적으로써 예수님의 인기가 정점에 달하였음을 보여주고 있습니다. 이 시점에서부터 왕으로서의 예수를 배척함이 시작됩니다.

이 부분의 중요한 단락은 16:17-18입니다. 마태는 '교회'란 말을 사용한 유일한 복음서 저자입니다. 왕국에 관한 그분의 가르침이 배척 당했을 때 그분은 '교회'에 관해서 말씀하시기 시작하셨습니다. '교회'란 말은 '부르심 받아 나온 사람들' 또는 '회중'을 의미하는 헬라어 '에클레시아'로부터 왔습니다.

'이 반석 위에' < 마태복음 16:18 >는 수많은 논쟁을 불러 일으킨 주제가 되어 왔습니다. 어떤 단체는 교황의 직책이 이 구절에서 유래되었다고 주장하고 있습니다. 그러나 베드로전서 2:4-8에서 베드로 자신의 말을 주의 깊게 읽어보면 교회가 세워진 반석이요 산 돌은 예수님이심이 분명히 나타나고 있습니다.

마태복음 17장은 예수님의 변화하심을 기록하고 있습니다. 베드로, 야고보와 요한은 이 사건을 목격했는데 거기에는 두 명의 구약의 인물들이 나타났습니다. 그들은 누구였습니까?

1.______________ 2.______________

Ⅵ. 유다의 왕 < 19-28장 >

19장에서 예수님은 유다로 가시는데 거기에서 그분은 그분의 지상에서의 마지막 사역을 남겨두고 계십니다. 앞으로 언급되어지는 지역들을 이해하기 위해서 29면의 지도를 보시고 다음의 질문들에 대답하시기 바랍니다.

유다와 사마리아와 갈릴리의 동편에 접하고 있는 것은 무엇입니까?

____

____

갈릴리와 유다 사이에는 어떤 지역이 있습니까?

____

북쪽 끝에는 어떤 지역이 있습니까?

____

아래의 도시들은 어떤 세 지역 안에 들어 있습니까?

베들레헴 ______________ 가이사랴 ______________

나 사 렛 ______________ 여 리 고 ______________

베 다 니 ______________ 가 나 ______________

예루살렘 ______________ 가버나움 ______________

21장에서 예수님은 예루살렘으로 승리의 입성을 하십니다. 이것은 성전에서 며칠을 가르치시고 바리새인들, 사두개인들 그리고 서기관들과 논쟁을 벌이신 후에 일어난 일입니다. 그들에 대한 그분의 마지막 책망은 23장에 나오고 있습니다.

24-25장은 미래에 관한 유명한 예언(감람산 설교)이 기록되어 있습니다. 이 비유들은 앞으로 닥칠 사건에 대비하여 우리가 어떻게 행해야 할 것인가를 우리들에게 가르쳐 줍니다.

26-27장은 복음서의 핵심을 포함하고 있는데 --- 그것은 바로 십자가에서의 구속의 역사입니다. 마태는 최후의 만찬, 겟세마네에서의 예수님, 유대인의 심문, 로마인의 심문, 예수의 십자가에 달리심과 그분의 장사를 아주 상세히 기술하고 있습니다.

그리고 나서 예수님의 왕권에 대한 최후의 시험이 찾아옵니다. 그분은 죽으셨습니다. 이것이 마지막일까요? 아닙니다. 28장은 그분이 죽음에서 살아나셨고 그의 제자들에게 그의 사역을 수행할 것을 명령하신 것을 우리에게 말씀해 주고 있습니다.

예수님 시대의 팔레스타인

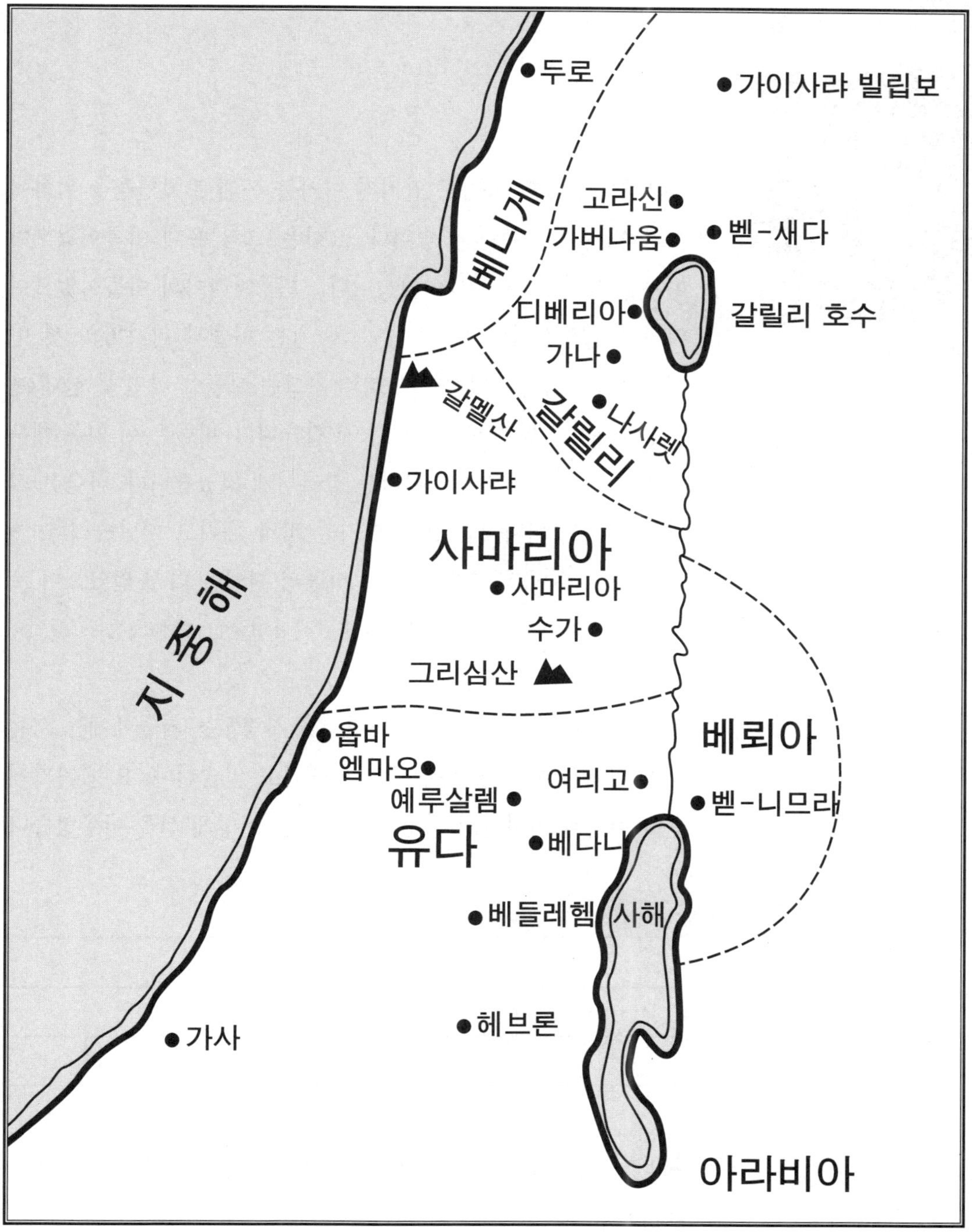

제28주 마가복음

세례요한에 의해 세례를 받으시는 예수와 성령의 음성(마가복음1:8-11) 작품 Baptism of Christ-BELLINI, Giovanni(1500-02)

신약에서 요한 마가로 알려진 마가는 본래 로마인들을 위하여 마가복음서를 기록하였습니다. 요한은 그의 유대 이름이었으며 마가는 그의 로마 이름이었습니다. 그는 마리아의 아들이었으며 바나바의 생질이었습니다.<골4:10> 그는 바울과 바나바의 첫 번 선교여행의 동반자였습니다. 그러나 그는 그들을 버린 듯 한데<행 13:13> 아마도 역경 때문이었던 것 같습니다. 바울은 이 이유 때문에 거절했으며 바울과 바나바는 갈라서게 되었습니다. 바울은 실라를 그리고 바나바는 요한 마가를 각각 데리고 떠났습니다.<행 15:36-41> 수년 후 요한 마가는 바울의 신임을 다시 얻었으며 로마에서 그와 함께 있게 되었습니다. <골4:10-11, 딤후4:11>

성경은 로마서 8:28에서 "하나님을 사랑하는 자들에게는 모든 것이 합력하여 선을 이룬다"고 말씀하고 있습니다. 요한 마가에 관한 바울과 바나바의 의견의 불일치는 어떻게 선을 이루었습니까?

____

____

____

____

마가복음에 관한 더욱 일반적인 자료를 얻기 위하시면 19면을 보십시오.

마태와는 달리 마가는 예수님에 관한 어떤 진술들이나 예언들을 증거 하려고 시도하지 않았습니다. 그는 그분의 말씀보다는 그분의 행하심에 더욱 많이 관심을 두고 있습니다. 예수가 메시야임을 증명하기 위하여 로마인들이나 이방인들에게는 거의 의미가 없는 구약성경의 예언의 성취를 보여주기 보다는 마가는 그분의 가르치심 대신 그분의 이적들을 기록함으로써 예수님의 능력을 강조하고 있습니다. 마태복음에서는 비유가 중요한 자리를 차지하고 있는 것처럼 마가복음에서는 이적이 중요한 자리를 차지하고 있는데 왜냐하면 마태는 예수님을 왕으로서 표현하고 있는 반면 마가는 그분을 종으로서 나타내고 있기 때문입니다. 왕은 말씀하나 종은 일합니다. 그러므로 마가는 우리 주님의 이적 20개를 기록하고 있습니다.

마가복음은 급한 불과 같은 복음서입니다. '즉시' 란 말이 30번 이상이나 나오고 있습니다.

마가복음의 개요 :

Ⅰ. 종의 준비 < 1:1-13 >

Ⅱ. 종의 사역 < 1:14-10:52 >

Ⅲ. 종의 배척당함 < 11-15장 >

Ⅳ. 종의 높임 받음 < 16장 >

****

Ⅰ. 종의 준비 < 1:1-13 >

다른 세 복음서들은 서론이 길지만 마가복음에는 서론이 하나도 없습니다.

■ **마가복음**

1. 기록자 : 마가
2. 기록연대 :
   A.D. 50~70년 사이
3. 기록장소 : 로마
   (베드로와 마가가 감옥에 있을 때 기록했을 가능성이 높다)
4. 기록대상 :
   일반적으로 모든 이방 기독교인들을 대상으로 하지만 특별히 로마에 있는 기독교인들을 위해서 기록했다.
5. 핵심어 및 내용 :
   마가복음의 핵심어는 "종"과 "즉시로"이다. 마가복음에서는 많은 사람을 위한 속죄물로 자신의 목숨을 내어주고 모든 사람을 섬겼던 예수 그리스도의 사역이 중심을 이루고 있다. 또한 마가는 하나님의 아들을 믿는 일이 얼마나 중요하고 급한지를 강조하기 위하여 "곧바로", "즉시로"란 단어를 많이 사용한다.

이 복음서는 우리 주님의 생애에 처음 30년을 생략하고 있습니다. 그것은 마가에 의해서 드물게 사용된 구약의 성경 구절들 중 두 개를 인용함으로써 그리고 그 구절들이 세례요한의 사역에 있어서 어떻게 성취되었는가를 설명함으로써 시작하고 있습니다. 그리고 나서 마가는 예수님의 세례 받으심과 유혹당하심을 아주 간략하게 언급하고 있습니다.

Ⅱ. 종의 사역 < 1:14-10:52 >

1:14-20에서 예수님은 몇몇 어부들을 그분의 제자들로 부르십니다. 이 두 쌍의 형제들은 누구 누구입니까?

______________________ 와 ______________________

______________________ 와 ______________________

1:23-27에서 벌써 우리는 마가복음에 기록된 첫 번째 이적을 봅니다. 마태복음에서는 예수님의 첫 번째 이적이 어디에 기록되어 있습니까?

____

____

마가복음 1:21-34에서 예수님의 생애에 있어서 안식일에 하신 사역에 대하여 다른 어떤 복음서에서 발견할 수 있는 것보다 가장 완벽한 기록을 찾을 수 있습니다. 그 내용을 한 번 자세히 보기로 하겠습니다. 아침에 그분은 회당에 계셔서 회중들에게 말씀을 증거 하시고 그분께 소리를 지르며 예배를 방해하던 귀신들린 자를 치료하십니다. 정오 때 그분은 시몬과 안드레의 집에 가셔서 시몬 베드로의 장모의 열병을 치료하십니다. 같은 날 저녁 해질 때에 그분은 그분께 데려온 그 도시의 병자들을 치료하십니다. 모인 사람들이 너무 많았음으로 마가는 '온 동네가 문 앞에 모였더라' 고 기록하고 있습니다. < 1:32-34 >

다른 안식일 날 예수님과 제자들은 밀 이삭을 잘라 먹는데 바리새인들이 그들에게 안식일의 법을 깨뜨린다고 비나했습니다. 이에 대해 예수님은 "안식일은 사람을 위하여 있는 것이요 사람이 안식일을 위하여 있는 것이 아니다"라고 대답 하셨습니다.<2:27>

예수님은 무슨 의미로 이 말씀을 하셨습니까? ______________

____

____

____

3장에서 다시 우리는 예수님께서 안식일에 이적을 행하시는 것을 봅니다. 사실상 마가복음에 기록된 예수님의 20가지의 이적들 중 7가지는 안식일에 행해진 것입니다.

4장에서 우리는 마가가 기록한 4개의 비유들 중에서 3개를 발견합니다. 마가는 예수님의 말씀보다 그분의 사역을 강조하고 있으므로 마태복음의 15개의 비유에 대해서 단지 4개의 비유만을 기록하고 있음을 기억하십시오.

이 복음서에 나오는 비유들을 열거하십시오.

1. 4:3-20 ______________________________
2. 4:26-29 ______________________________
3. 4:30-32 ______________________________
4. 12:1-11 ______________________________

예수님은 그분과 그분의 메시지에 대하여 계속해서 커지고 있는 바리새인들과 사두개인들의 적대심 때문에 이 방법의 가르침을 사용하셔야만 했습니다. 그들은 그분의 가르침 가운데서 그분의 실책을 잡으려고 끊임없이 시도했던 것입니다.< 4:33-34 >

Ⅲ. 종의 배척당함 <11-15장>

마가복음 11:27부터 12:44절까지는 예수님의 유대 지도자들과 권세자들과의 마지막 대립에 대해서 우리에게 말씀해주고 있습니다. 이 구절에서 우리는 예수님을 넘어뜨리기 위해서 그분에게 물어보았던 네 개의 심오한 질문들을 보게 됩니다.

1) 대 제사장들과 서기관들과 장로들이 물었습니다. : "무슨 권세로 이런 일을 하느뇨? 누가 이런 일 할 이 권세를 주었느뇨?<11:28> 예수님의 대답은 29-30절에서 찾을 수 있습니다. 이 대답은 어떻게 제사장들과 서기관들과 장로들을 꼼짝 못하게 했습니까?

____

____

____

2) 바리새인들과 헤롯 당원들은 물었습니다. : "가이사에게 세를 바치는 것이 가하니이까 불가하니이까?" 그 질문에 대한 예수님의 대답은 오늘날 우리들에게 어떻게 지시하고 계십니까?

____

____

____

3) 사두개인들은 12:18-23에서 그분에게 한 질문을 했습니다. 예수님의 대답은 오늘날 우리들에게 어떠한 메시지를 주고 계십니까?<24-27절>

____

____

4) 서기관들은 그분에게 물었습니다. "모든 계명 중에 첫째가 무엇이니이까?"<12:28> 12:30-31에서 예수님의 대답의 두 부분은

구약에서의 인용입니다. 각자에 대한 구약의 참조 구절을 열거하십시오.:

_____________________________주 너의 하나님을 사랑하라

___________________________________ 네 이웃을 사랑하라

13장은 마태복음 24장에서 더욱 자세히 기록되어 있는 '감람산 설교' 에 관한 마가의 기록을 담고 있습니다. 예수님은 그의 제자들에게 이 세대의 마지막에 대해서 그리고 대 환란과 영광속에 그분의 다시 오실 약속에 대하여 말씀하고 계십니다.

마가복음의 이 부분은 마태복음과 누가복음과는 현저하게 다릅니다. 거기에는 갈길리의 회개치 않는 도시들에 대한 경고도 언급되어 있지 않으며 마태복음 23장에 나오는 서기관들과 바리새인들에 대한 무서운 정죄도 없고, 열 두 영의 천사를 부르는 예수님의 능력에 대한 언급도 없으며 십자가에 달려 죽어가는 강도에게 주신 천국의 약속도 기록되어 있지 않습니다. 그 이유는 : 이러한 모든 속성은 왕에게 주어진 것이지 마가가 예수님을 표현하기 원하는 모습인 종에게 주어진 것이 아니기 때문입니다.

Ⅳ. 종의 높임 받음 <16장>

마태의 복음은 부활과 지상 명령으로 끝이 납니다. 마가의 복음은 예수님의 승천과 지상 명령의 수행으로 끝이 납니다. <16:19-20>

그를 따르는 자들에게 주시는 그리스도의 명령은 16:15절에서 찾아볼 수 있습니다. 아래에 기록하십시오.

____

____

____

____

돌아온 탕자의 비유 (누가복음 15장)
작품 Return of the Prodigal Son-MURILLO, Bartolome Esteban(1667-70)

제29주 누가복음

누가의 복음서는 마태복음 그리고 마가복음과 매우 일치하는 점이 많지만 그 강조점에 있어서는 얼마간 다른 면이 있습니다. 마태는 유대인들에게 그리고 마가는 로마인들에게 각각 쓴 반면 누가는 이방인들에게 예수님은 또한 그들의 구세주가 되시기를 원하신다는 것을 알리기 위해 기록하였습니다.

누가는 예수님에 의해 도우심을 입고 치료를 받은 가난하고 소외된 사람들에 대해 말씀하고 있습니다. 그는 --- 창기들, 탕자, 거지 나사로, 죽어 가는 강도와 다른 이들 같이 --- 모든 사람들을 향하신 예수님의 긍휼하심을 보여주고 있습니다. 그는 다음과 같은 예수님의 친근한 진술을 기록한 유일한 복음서 저자입니다: "인자의 온 것은 잃어버린 자를 찾아 구원하려 함이니라" < 눅 19:10 >

골로새서 1:14에서 바울에 의해 사랑 받는 의원이라고 불리워진 누가는 누가복음과 사도행전을 함께 기록했습니다. 두 책들은 같은 인물인 데오빌로에게 보내졌는데 그는 헬라에서 유력한 평신도였음이 분명합니다. 우리는 누가에 대하여 아주 조금밖에는 알고 있지 못하며 그는 그의 복음서에서 그 자신을 언급한 적이 결코 없고 단지 바울의 선교 여행에 참여했을 때 사도행전에서 '우리' 혹은 '우리에게' 라고 말했을 뿐입니다.

누가복음의 개요 :

Ⅰ. 서론 < 1:1-4 >

Ⅱ. 예수님의 출생과 유년기 < 1:5-4:13 >

Ⅲ. 예수님의 사역 < 4:14-9:50 >

Ⅳ. 십자가로 가는 길 < 9:51-24:53 >

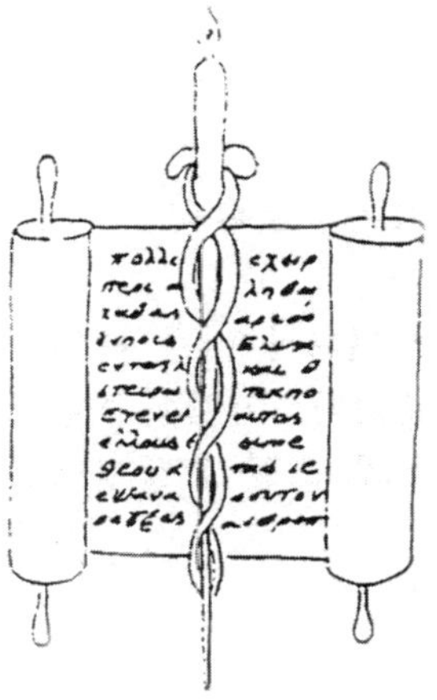

****

Ⅰ. 서론 < 1:1-4 >

이 책의 서론은 왜 그가 이 책을 썼으며 그것을 쓰기 위해 그가 어떻게 준비했는가에 대해 누가의 설명을 담고 있습니다. 그는 예수님에 대한 다른 기록들을 주의 깊게 연구했으며 그분을 보았던 사람들과 대화를 나누었습니다. 이것이 지식인이었던 누가가 한 준비였습니다. 그러므로 이 책은 연구조사와 영감이 한데 어울린 것입니다.

Ⅱ. 예수님의 출생과 유년기 < 1:5-4:13 >

누가는 그리스도의 출생에 대해서 다른 복음서 저자들보다 네 배나 더 많은 세부 사항들을 알려주고 있습니다. 이것은 아마도 누가가 예수님을 인자로서 나타내고 있기 때문이며 그러므로 그분의 출생으로 시작된 그분의 인성을 우리에게 보여주고 있는 것입니다.

누가복음의 이 부분에서 다음의 인물들을 찾아 보십시오:

엘리사벳 ________________________________

스가랴 ________________________________

가브리엘 ________________________________

■ 누가복음

1. 기록자 : 누가
2. 기록연대 :
 A.D. 58~70년 사이
3. 기록장소 :
 가이사랴나 로마에서 기록했을 가능성이 높다.
4. 기록대상 :
 일반적으로는 모든 이방 기독교인들을 대상으로 할 뿐만 아니라 특별히 데오빌로를 위하여 기록하였다.
5. 핵심어 및 내용 :
 누가복음의 핵심어는 "예수님"과 "인자"이다. 하나님의 성육화된 존재인 예수님은 종종 인자로 묘사된다. 예수님의 이런 인성은 마리아를 통한 그리스도의 족보와 그분의 성격 및 삶의 구체적인 모습들을 통하여서 잘 드러난다.

가이사 아구스도 ________________________________

시므온 ________________________________

Ⅲ. 예수님의 사역 < 4:14-9:50 >

예수님의 사역에 관한 누가의 기록은 마태나 혹은 마가의 것보다 매우 짧습니다. 그 이유는 강조점이 마태복음에서는 예수님께서 무엇을 말씀하셨는가에, 마가복음에서는 예수님께서 무엇을 하셨는가에 있으나 누가는 예수 그리스도의 인성에 더욱 관심을 두었기 때문입니다.

예수님께서 말씀을 전하며 가르치시고 사람들 사이를 다니심으로써 그분에게 수많은 추종자들이 따르게 되었습니다. 그러나 동시에 그분은 수많은 원수들을 갖게 되셨습니다. 그런데 원수들보다 더 나쁜 것은 그분을 따르던 수많은 사람들이 단지 예수와 함께 있으므로 해서 물질적인 유익에만 관심이 있었다는 사실이었습니다. 그러므로 예수님은 그들로부터 멀리하셔야 했으며 올바른 동기로 그분을 따르기 원하는 소수의 제자들에게 관심을 기울이신 것입니다. 수많은 종교 지도자들은 예수님의 초기 사역에 있어서 그분의 쓰디쓴 적이 되었습니다.

누가복음 4:16-20은 이것의 아주 중요한 실례입니다. 예수님은 그분의 고향인 나사렛을 방문해서 회당에서 가르치셨습니다. 처음에 사람들은 그분의 가르치심에 놀랐으나 예수님께서 얼마 말씀하시지 않아 사람들은 그분에게 매우 분노하여 그분을 낭떠러지에 밀어 뜨려 죽이려 했습니다.

이 사람들은 예수님이 구약을 통하여 하나님 그분 자신을 결코 이스라엘에만 국한시키지 않으시고 그분의 축복을 모든 사람들에게 언제나 베풀어 주셨다는 것을 보여주셨기 때문에 분노하였던 것입니다. 예수님은 구약에서 어떤 두 가지 예를 사용하심으로

이방인들을 향하신 하나님의 사랑을 보여주셨습니까? < 눅4:25-27 >

(1)____

____

(2)____

____

하나님은 유대인들을 향하심과 같이 이방인들을 향하여 많은 관심을 갖고 계시다는 것을 예수님께서 가르치신 사실이 누가가 그의 복음서에서와 마찬가지로 사도행전에서도 많은 관심을 기울인 것입니다. 어떤 사람들은 이 이유 하나로만 인해서도 예수님을 대적했습니다. 그들이 다른 사람들보다 우월하다고 느끼는 사람들은 항상 있어왔던 것입니다. 이러한 이기적인 사람들은 언제나 난폭한 것입니다.

누가복음의 이부분의 절정은 예수님의 변화되신 사건입니다. 단지 누가만이 모세와 엘리야가 예수님과 함께 무엇에 관해 이야기 했는가를 말씀하고 있습니다. 그것은 무엇입니까? <눅9:31>

____

____

Ⅳ. 십자가로 가는 길 < 9:51-24:53 >

이 부분의 전체는 십자가에 의해 점철되고 있습니다. 누가는 예수님께서 예루살렘으로 가시는 길이란 사실을 언급함으로써 어떠한 일이 일어날 것인가를 우리들에게 계속하여 상기시키고 있습니다.

이 부분은 또한 모든 사람들을 향하신 하나님의 관심을 강조하고 있습니다. 70명이 복음을 전하기 위하여 내 보내졌으며 그들은 그들 앞에 차려 놓은 것은 무엇이나 먹도록 명령을 받았는데 그것은 그들이 정결하고 부정한 음식에 관한 유대인의 법에 매이지 않을 것을 의미하는 것입니다.

사마리아인들은 유대인들에 의해 멸시를 받았으나 예수님은 그분의 가장 아름답고 유명한 이야기들 중 하나에서 사마리아 사람을 훌륭한 인물로 만들고 있습니다.< 10:25-37 > 이이야기에 관한 다음의 질문들에 대답하십시오!

'누가 나의 이웃이냐' 고 질문한 사람은 누구였습니까?

____

(1) _______________ (2) _______________

누가가 이 비유를 기록한 유일한 복음서 저자입니다. 왜 그가 이것을 포함시켰다고 생각하십니까?

____

____

15장에서 누가는 무엇이 하나님을 기쁘시게 하는가를 우리에게 말해줍니다. 그는 자기의 잃어버린 양을 찾았을 때 기뻐하는 목자와 잃어버린 드라크마를 찾았을 때 기뻐하는 여인과 탕자가 집에 돌아왔을 때 기뻐하는 아버지의 이야기를 기록하고 있습니다. 이 비유들은 하나님에 대해서 우리에게 무엇을 가르쳐줍니까?

____

____

____

그분의 지상에서의 사역의 마지막 무렵에 우리는 겟세마네 동산에서 기도하시는 예수님을 발견하게 됩니다. 이 기도에서 우리는 누가가 매우 아름답게 나타내고 있는 예수님의 인성을 보게 됩니다. 인성 예수는 그 자신이 죽지 않기를 바랍니다. < 22:42 >

동산의 어두운 그늘에서 가룟 유다는 예수님께로 군사들을 이끌어와서 입맞춤으로 그분을 배반하는데 그것은 예수님께서 모든 종류의 사람들에게 가르치시고 보여주셨던 사랑에 대한 조롱이었습니다.

그리고 나서 모든 것 중 최악의 사건은 예수님의 친구들이 그분을 버린 것입니다. 요한을 제외한 모든 이들이 도망갔으며 베드로는 심지어 예수를 모른다고 부인했습니다. 베드로가 예수를 부인한 후 예수님께서 그를 쳐다보신 사실은 누가만이 우리에게 말해주고 있습니다. < 22:61 > 그 때 닭이 울었고 베드로는 밖에 나가서 심히 통곡하였습니다.

예수님의 심문과 십자가 사건에 대한 누가의 기록은 마태와 마가의 것과 흡사합니다. 이제 우리는 부활로 오게 되며 우리는 마태와 마가에 의해 생략된 몇몇 사건들을 누가가 기록한 것을 발견하게 됩니다. 그 하나는 엠마오로 가는 길의 경험에 관한 이야기입니다. <24:13-45>

왜 이 신자들은 그렇게 슬펐습니까? < 24:17-20 > ____________

____

예수님은 그들과 함께 동행하시면서 그들에게 무엇을 말씀하셨습니까? < 24:25-27 > ______________________________

____

그들이 예수님인 줄 알았을 때 어떤 일이 생겼습니까? < 24:31 >

____

그 후 그들은 무엇을 했습니까? < 24:33-35 > ______________

____

엠마오로 가던 신자들이 예수님과 만났던 당시의 일을 11제자들에게 말하고 있을 때 주님 자신이 그들 가운데 나타나셨습니다. < 24:36 > 그들이 그분에게 먹을 것을 드린 후 그분은 그들에게 구약의 어떠한 세부분에서 그분에 관해 기록된 모든 것이 이루어져야 하리라고 말씀하셨습니까? < 24:44 >

(1)__________ (2)__________ (3)__________

예수님은 제자들에게 명령하신 후 아버지께로 올라가셨습니다. < 24:46-51 >

그리고 나서 누가는 "늘 성전에 있어 하나님을 찬송하니라"는 제자들의 행복한 모습을 그림으로써 그의 복음서를 마칩니다.

제30주 요한복음

이 책의 저자는 사랑 받는 제자 요한입니다. 그는 세 명의 수제자 가운데 한 사람이었으며 예수님께서 십자가에 달리실 때 그분 곁에 있었던 유일한 제자였습니다. 그는 제자들 중 가장 나이가 어렸을 것으로 믿어집니다. 그는 신약의 다른 네 권의 저자입니다. 그것들은 무엇입니까?

1. ____________________ 3. ____________________

2. ____________________ 4. ____________________

요한은 세상을 향해 기록했습니다. 이 복음서에는 '세상' 이란 말이 다는 세 복음서를 다 합친 것보다 더 많이 나오고 있습니다. 주요 단어는 '믿는다' 입니다. 그것은 이 책에서 90번 이상이나 사용되고 있습니다.

요한복음의 주제는 예수는 영원하신 하나님의 아들이라고 하는 것입니다. 이 복음서는 개인적인 면담들과 예수님의 신성과 아들이심을 강조하고 기적들로 가득 차 있습니다. 이 책에서는 예수님께서 하나님을 나의 아버지라고 언급하신 것이 30번 이상이나 나오고 있습니다.

요한복음은 위대하신 '나는(출애굽기 3:14을 보십시오)' 의 계시입니다. 예수님의 신성을 강조하기 위해 요한은 7번의 '나는' 을 사용하고 있습니다. 그것들을 열거하십시오:

6:35 ____

8:12 ____

십자가 희생의 현장(요한복음 19장)
작품 Christ on the Cross between the Two Thieves-RUBENS, Pieter Pauwel(1619-20)

8:58 ________________________________

10:11 ________________________________

11:25 ________________________________

14:6 ________________________________

15:1 ________________________________

요한복음의 개요 :

Ⅰ. 머리말 < 1:1-18 >

Ⅱ. 그리스도의 공중사역 < 1:19-12:50 >

Ⅲ. 그리스도의 제자들과 마지막 저녁 < 13장-17장 >

Ⅳ. 그리스도의 고난, 죽으심과 부활 < 18장-20장 >

Ⅴ. 끝맺음말 < 21장 >

****

Ⅰ. 머리말 < 1:1-18 >

이 부분은 서론이며 이 책의 목적을 드러내줍니다. 각 복음서 기자는 그의 복음서를 기록함에 있어서 그의 목적을 위해 알맞은 방법으로 그의 책을 시작하고 있으며 그래서 요한도 영원 전으로 돌아가고 있는 것입니다. 마태와 누가는 인성의 관점에서 메시야의 오심을 묘사하고 있으나 요한은 그것을 신성의 관점에서 묘사하고 있습니다. 그는 세상이 있기 전부터 아버지와 함께 하시던 예수님의 선재로부터 인간의 몸으로 오시는 시점까지를 추적하고 있습니다. 놀랄만한 단순성으로 요한은 하나님의 아들의 선재에 대해 우리에게 말씀하고 있습니다.

이 구절에서 예수님은 우리가 알 수 있는 가장 완전하고 완벽한 하나님의 나타나심을 요한은 선포하고 있습니다. 그는 가장 첫 구절에서 예수님은 하나님이시라고 진술하고 있습니다. 요한은 예수님의 생명이 어둠에 비추었으나 많은 사람들이 깨닫지 못하고 그분을 영접하지 않는다고 말하고 있습니다. 그러나 그분을 영접하는 자에게 예수님은 무엇을 해 주셨습니까? < 1:12 >

____

____

Ⅱ. 그리스도의 공중사역 < 1:19-12:50 >

이 부분에서 요한은 예수님의 선두 주자 세례 요한이 의도적으로 그의 제자들을 예수님께로 보낸 사실을 지적하고 있습니다. < 1:35-37 >

요한의 복음서는 예수님의 기적들을 표적들로써 언급하고 있습니다. 기적은 설명되어질 수 없는 것입니다. 그러나 요한은 그것들을 '표적'으로 부름으로써 다르게 강조하고 있는데 --- 그것은 예수님이 신성한 하나님의 아들이심을 입증하였던 것입니다.

가나에서 물을 포도주로 변화시킨 예수님의 첫 번째 표적 이후 그분의 제자들은 그분의 신성을 확신하였습니다. 그리고 나서 예수님은 성전을 정결케 하셨는데 그것도 역시 그분이 유대인들의 종교를 정결케 하시고 바로잡기 위해서 오신 것의 표적이었습니다. <2:13-25>

3장에서 우리는 예수님께서 니고데모와 만나신 장면을 보게 되는데 그는 성경을 잘 아는 도덕적인 사람이었습니다. 그는 예수님을 위대한 선생으로 인정했지만 그분을 구세주로는 알지 못했습니다. 예수님은 그에게 구원은 육신의 행함으로 오는 것이 아니라 하나님께서 거저 주시는 선물임을 설명하셔야 했습니다.

■ 요한복음

1. 기록자 : 요한
2. 기록연대 :
   A.D. 85~96년 사이
3. 기록장소 :
   아마도 에베소에서 기록했을 것이다.
4. 기록대상 :
   이방 기독교인들과 모든 기독교인들을 위해서 기록했다.
5. 핵심어 및 내용 :
   요한복음의 핵심어는 "말씀"과 "생명"과 "믿음"이다. 예수님은 미리 계셨고, 인간이 된 영원한 말씀이시다. 영원한 "생명"을 얻기 위해서는 예수님의 이름을 믿어야 한다. 이 예수님은 항상 하나님과 함께 계시며 참으로 자신이 하나님이시다.

예수님의 부활을 손으로 확인하는 도마
(요한복음20장)
작품 The Incredulity of Saint Thomas-CARAVAGGIO (1601-02)

4장에서 우리는 우물가에서 사마리아 여인과 대화하시는 예수님을 발견합니다. 유대인들은 갈릴리에서 유대로 여행할 때에 항상 사마리아를 통과하지 않고 돌아서 갔습니다. < 29면의 지도를 보십시오 > 그들에게 사마리아는 "더러운"것이었으며 그들을 부정케 하는 것이었습니다. 예수님의 시대에 쓰디쓴 증오심이 유대인들과 사마리아인들 사이에 존재하고 있었습니다. 이 증오심은 약 700년 전인 앗수르 포로시대로 거슬러 올라갑니다. < 왕하 1:6-8,24 > 사마리아인들은 비유대인들과 혼합 결혼을 했던 북왕국의 유대인들의 후손이었습니다. 이것은 유대인들에게는 용서할 수 없는 죄였습니다. 후에 남 왕국 유대인들이 성전을 재건할 때 사마리아인들이 와서 도움을 제공하겠다고 했을 때 그들은 더 이상 유대인들이 아니므로 그들을 필요로 하거나 원하지 않는다고 가혹하게 거절당했던 것입니다. 이 적대 감정은 결코 가라앉지 않았습니다.

예수님은 그분의 시대에 이러한 편견에 동참하지 않으셨습니다. 그분은 하나님은 유대인이나 사마리아인 혹은 어떠한 종류의 사람도 편애하지 않으신다는 것을 보여 주시기 위해 사마리아를 돌아가는 대신에 그곳을 통과하셨습니다.

5장과 6장은 예수님의 두 가지 이적들을 기록하고 있습니다. 베데스다 연못가의 중풍병자를 치료하신 것과 5,000명을 먹이신 것. 5,000명을 먹이신 후 사람들은 예수님을 어떻게 하기를 원했습니까? < 6:15 >

____

왜 이것은 예수님의 마음을 상하게 해드렸습니까? < 6:26-27 >

____

____

요한복음 6:31-63에서 예수님은 군중들에게 그들은 그분을 단지 육신적인 유익을 위해서 따를 수 없으며 올바른 동기 즉 영적인 필요를 위하여 아버지께서 그들을 그분께로 이끄셔야 한다고 말씀하십니다. 그분은 또한 죽으셔서 그분이 먼저 계시던 하늘나라로 다시 올라가셔야 한다고 그들에게 말씀하십니다. 이 계시에 대해 군중들의 반응은 어떠했습니까? <6:66>

7-9장은 예수님과 유대 지도자들과의 대립이 심해짐을 보여줍니다. 9장에서 소경이 치료받은 사건은 그로 하여금 예수님을 믿게 합니다. 예수님께 대한 그의 고백 때문에 이 사람은 회당에서 쫓겨나게 됩니다. < 9:34 > 이 일 후에 예수님은 10장에서 선한 목자에 관한 그분의 위대한 설교를 하십니다.

나사로를 일으키신 것은 요한의 복음서에 나오는 마지막 표적입니다. 다른 복음서들도 예수님께서 사람을 죽음에서 일으키신 것을 기록하고 있지만 그 어느 누구도 나사로처럼 나흘간을 죽어 있지는 않았습니다. 이 이적은 사람들에게 막대한 영향을 주었으므로 인해 유대 지도자들은 나사로와 예수님을 함께 죽이려 했습니다. < 12:10 >

이 부분은 예수님께서 공중사역을 마치시는 그분의 승리의 예루살렘 입성으로 마칩니다.

Ⅲ. 그리스도의 제자들과 마지막 저녁 < 13장-17장 >

13장에서 우리는 제자들이 누가 더 크냐고 논쟁하는 것을 발견합니다. 이 질문에 대답하시기 위해서 예수님은 무엇을 하셨으며 왜 그렇게 하셨습니까?< 요 13:12-17 >

14장은 하나님께서 둔 믿음으로 마음의 근심을 치료하시는 예수님의 치유의 장입니다. 여기서 그분의 말씀은 그분의 죽으심 이후에 조차도 위로와 확신을 주시며 예수님은 보혜사 성령님을 통하여 그분은 따르는 자들과 함께 하실 것이었습니다.

요한복음 15:4-6에서 예수님께서 보여 주시는 열매 맺는 비결은 무엇입니까?

____

16장에서 예수님은 그분의 떠나가심은 곧 성령님의 오심을 의미하고 있음을 드러내십니다. 성령님께서 오시면 어떠한 네 가지 일들을 하실 것이라고 예수님은 말씀하셨습니까? <16:8-14>

(1) 8절 ______________________________

(2) 13절 전반부 ______________________________

(3) 13절 후반부 ______________________________

(4) 14절 ______________________________

Ⅳ. 그리스도의 고난, 죽으심과 부활 < 18장-20장 >

이 부분은 예수님의 배반당하심, 심문, 채찍에 맞으심과 십자가 형벌에 관해서 우리에게 말씀해 주고 있습니다. 이 중 어느 것도 예수님은 피하려 하시거나 지연시키려 하지 않으셨습니다. 그분은 죽으시기까지, 십자가의 죽음까지도 순종하셨습니다.< 빌 2:8 >

요한을 제외한 모든 제자들은 그리스도께서 붙잡히시자 그분을 버렸습니다. 그러므로 예수님의 죽으심은 육체적인 고통뿐만 아니라 그분이 끝까지 사랑하신 사람들이 그분을 버리는 것을 보는 정신적인 고통까지도 수반하고 있는 것입니다. 그분의 죽음을 당하실지라도 며칠이 못되어 그분이 다시 그들을 찾아 그분을 믿도록 격려하실 것을 그들은 알지 못했던 것입니다.

Ⅴ. 끝맺음말 < 21장 >

예수님의 부활 이후 그분의 나타나심은 그분의 제자들이 그들의 믿음을 다시 찾도록 도와 주었습니다. 예수님은 그들의 마음에 조금의 의심도 남아 있지 않기를 원했습니다. 그분은 또한 그분을 세 번 부인한 제자에게 그분을 세 번 고백할 기회를 주십니다. 이 복음서에 기록된 예수님의 최후의 말씀은 무엇입니까? < 21:22 >

초대교회 베드로와 요한의 사역과 이적
(사도행전6장)
작품 Apostles Peter and John(1575)-AERTSEN, Pieter

제31주 사도행전

사도행전은 사실상 누가복음의 연속입니다. 누가는 다음과 같은 말로써 사도행전을 소개함으로 이 두 책을 연결하고 있습니다. "데오빌로여 내가 먼저 쓴 글에는 무릇 예수의 행하시며 가르치시기를 시작하심부터"<1:1>. 먼저 쓴 글은 누가복음을 언급하고 있는데 누가는 그 책 안에서 예수님이 이 땅 위에 계시는 동안 그분이 행하시며 가르치시기를 시작하신 이야기를 말했습니다. 사도행전은 교회를 통해서 역사하신 성령님의 능력에 의하여 예수님께서 계속해서 행하신것을 기록함으로 누가복음이 끝난데서부터 시작하고 있습니다.

여러분의 성경책은 사도행전의 첫 머리가 어떻게 되어 있습니까? 전통적인 서두는 "사도들의 행전"이라고 되어있는 반면 어떤 것은 "행전"이라고 하기도 합니다. 그러나 이 책은 실제로 사도들의 행한 것의 기록이 아닙니다. 대신에 그것은 교회를 통해서 역사하신 **성령님의 행하심**의 기록입니다. 베드로와 바울을 제외하고는 사도들은 거의 언급되고 있지 않습니다. 그러나 성령님은 약 70번이나 언급되고 있습니다. 빌립, 스데반, 바나바, 실라와 사도가 아닌 다른 많은 사람들이 이 책에서 두드러지게 나타나고 있습니다.

무엇이 이 책을 위한 좋은 제목이 될 것이라고 생각하십니까?

____

사도행전의 간략한 개요 :

Ⅰ. 베드로를 지도자로 한 팔레스타인 안에서의 복음 전파
< 1-12장 >

Ⅱ. 바울을 지도자로 한 팔레스타인 밖에서의 복음 전파
< 13-28장 >

****

Ⅰ. 베드로를 지도자로 한 팔레스타인 안에서의 복음 전파
< 1-12장 >

사도행전 1장과 2장에서 다음 질문들에 대답하십시오:

부활이후 며칠 동안 예수님은 지상에 나타나셨습니까? < 1:3 >

____

대략 몇 사람이 다락방에 있었습니까? < 1:5 > ______________

누가 가룟 유다 대신 뽑혔습니까? < 1:26 > ______________

어떤 날에 성령님께서 오셨습니까? < 2:1-2 >______________

어떤 일이 일어난 것인가를 설명하기 위하여 누가 일어섰습니까? < 2:14 >

____

베드로의 설교의 결과로 얼마나 많은 사람들이 신자가 되었습니까?< 2:41 >

____

3장은 성전 미문에서 시작되는데 그곳에서 베드로는 날 때부터

■ 사도행전

1. 기록자 : 누가
2. 기록연대 :
A.D. 61~63년 사이
3. 기록장소 :
가이사랴나 로마에서 기록했을 가능성이 높다.
4. 기록대상 :
일반적으로는 모든 이방 기독교인들을 대상으로 한다. 그러나 특별히 데오빌로를 위하여 기록하였다.
5. 핵심어 및 내용 :
사도행전의 핵심어는 "성령"과 "성장"이다. 사도행전에서 "성령님"에 대한 언급이 30회 이상이나 된다. 성령님은 신자들을 인도하시고 보호하시며 위로하실 뿐만 아니라, 신자들에게 확신과 힘을 주신다. 또한 이 사도행전은 교회의 수와 힘과 지적능력이 어떻게 성장해 나가는지를 개괄적으로 잘 설명하고 있다.

예수를 믿는 초대교인을 핍박하던 사울이 다메섹으로 가던 중 예수와 큰 빛을 만나 눈이 멀게되는 장면
작품 The Conversion on the Way to Damascus(1600)
–CARAVAGGIO

앉은뱅이 된 자를 고쳤습니다. 이 기적은 유대 지도자들의 주목을 끌게 되었으며 기독교 운동의 실제적인 반대가 시작되었던 것입니다. 고침 받은 사람 주위에 수많은 군중들이 모였을 때 베드로는 그 상황을 이용하여 또 다른 설교를 하였습니다.

제4장에서 우리는 그리스도를 따르는 자들에 대한 최초의 핍박을 발견하게 됩니다. 예수님의 대적자들은 그분을 죽이고 나서 그분이 일으켰던 모든 문제들이 이제 끝난 줄로 생각했던 것입니다. 그러므로 이 종교 지도자들은 예수님을 따르는 자들을 위협하고 억누르기 시작했습니다.

베드로와 요한이 4장에 나오는 솔로몬의 행각에서 사람들에게 설교하고 있을 때 관원들이 도착했습니다. 사두개인들은 그 누구도 예수님의 부활에 관해서 전하는 것을 원치 않았기 때문에 그들은 사도들을 체포했습니다.

사도개인들은 어떠한 것을 믿었습니까? (14면을 보십시오)

베드로와 요한에 대한 심문은 그 다음날 대제사장 안나스 앞에서 열렸습니다. 산헤드린의 회원들은 부활의 사실을 무시했으며 단순히 베드로와 요한에게 그들의 전하는 것을 중지하라고 말했습니다. < 4:5–21 >

풀려난 후에 베드로와 요한은 그들의 동료들에게 어떤 일이 일어났는지 말했으며 그들은 모두 합심하여 기도했습니다. 그들의 기도 가운데 그들은 하나님께 무엇을 위해 구했습니까? < 4:29 >

5장에서 우리는 사탄이 교회 밖에서 핍박의 형태로 역사하고 있

을 뿐만 아니라 교회 내에서 속임수를 통하여 역사하고 있음을 발견하게 됩니다. 이 사실은 아나니아와 삽비라의 이야기 속에서 설명되어지고 있는데 그들은 댓가도 지불하지 않은 채 영광만을 원했던 사람들이었습니다. 교회는 그 첫 시초부터 위선자들을 갖고 있었습니다. 그것들은 내부로부터 교회를 공격하는 사탄의 방법이었습니다.

6장에서는 차별 대우의 문제가 일어납니다. 우리는 사탄이 교회의 교제를 깨뜨리기 위해 바쁘게 움직이는 것을 발견합니다. 이 잠정적인 문제를 해결하기 위해 사도들은 어떻게 일해 나갔습니까? < 6:3 >

9장과 10장에서 다음의 질문들을 대답하시오:

왜 사울은 다메섹으로 가고 있었습니까? < 9:2 >

다메섹 근처에서 그는 무엇을 보았습니까? < 9:3 >

예루살렘에 있던 제자들이 바울을 영접하기를 두려워할 때 누가 그를 변호해서 말했습니까? < 9:27 >

하나님의 사자가 그에게 말하는 환상을 누가 보았습니까? <10:1–4>

Ⅱ. 바울을 지도자로 한 팔레스타인 밖에서의 복음 전파 < 13-28장 >

13장에서 우리는 해외 선교의 시작을 보게 됩니다. 그 전에 베드로는 예루살렘에 본부를 둔 기독교 운동의 지도자였습니다. 바울은 이제 안디옥에 본부를 둔 지도자가 되어집니다.

1. 제 1 차 선교 여행 < 13:3–15:35 >

바울의 제 1 차 선교 여행의 지도를 보고 다음의 질문들에 대답하시오. (57면)

그것은 어디에서 시작되었습니까? ____________________

그의 동반자들은 누구였습니까? < 12:25 > ________________

제 2 차 그리고 제 3 차 선교 여행과 비교해서 제 1 차 선교 여행은 더 길었습니까 혹은 더 짧았습니까?

____

2. 제 2 차 선교 여행 < 15:36–18:22 >

바울의 동반자는 누구였습니까? < 15:40 > ________________

바나바에게 무슨 일이 일어났습니까? < 15:36–39 > __________

____

'우리'라는 말의 사용이 16:10에서 시작됨으로 인하여 선교 여행에 누가 동참한 것을 알 수 있습니까?

____

빌립보에서 어떤 일이 일어났습니까? < 16:12–15 > __________

____

17:22–31에서 바울은 아덴의 법정에서 그의 유명한 설교를 합

니다. 그리고 나서 그는 아덴을 떠나 고대 세계에서 가장 약한 도시 중 하나였던 고린도로 갑니다. 그는 거기에서 교회를 시작하여 그 사람들이 믿음에 견고히 서도록 18개월 동안을 머뭅니다. 그곳으로부터 바울은 에베소를 거쳐 안디옥으로 돌아옵니다.

3. 제 3 차 선교 여행 < 18:23-20:16 >

바울은 2차 선교 여행을 마친 후 안디옥에서 오래 머무른 것 같지 않습니다. 의심할 것 없이 갈라디아 지방의 교회들에서 유대주의자들이 일으켰던 심각한 문제들에 대한 말들이 그에게 들려왔던 것입니다.

바울은 여행을 하면서 오늘날 우리가 그의 "서신서"라고 부르는 편지들을 씁니다. 에베소로부터 그는 고린도전서를 기록합니다. < 고전 16:8 > 이 3차 여행기간 동안 그는 또한 고린도후서, 갈라디아서와 로마서를 기록합니다.

4. 바울의 로마 여행 < 20:17-28:31 >

바울은 에베소에서 그의 동료들에게 그의 마지막 인사를 하고 나서 예루살렘으로 마지막 여행을 떠납니다. 거기에서 그는 유대인들에게 모세의 율법을 저버리도록 가르쳤다고 비난을 받게 됩니다. 이 도시 바로 바깥쪽이 아마도 약 25년전 바울이 젊은 스데반을 죽이도록 공모했던 곳입니다. 이제 로마인들이 그를 구하지 않았더라면 바울은 유대인들에 의해 죽임을 당하게 될 것이었습니다. < 23:23-24 >

바울은 가이사랴에서 총독 벨릭스 앞에서 그의 변호를 합니다. < 24:10-21 > 그리고 나서 2년 간의 감옥 생활 후 그는 새 로마 총독인 베스도 앞에서 다시 재판을 받습니다. 이 재판에서 바울은 로마 황제 가이사에게 상소를 합니다.

< 25:1-12 > 26장은 바울이 가이사에게 상소하기 위하여 로마에

죄수로서 가게 된 이후 아그립바 왕 앞에서 한 자신의 변호를 기록하고 있습니다. 많은 사건이 있었던 여행 후 <27:1-28:15>, 죄수 바울은 로마에서 2년 이상을 연금 상태에 있으면서 그 기간동안 빌레몬서, 골로새서, 에베소서, 빌립보서와 디모데후서를 기록합니다. 전설에 의하면 바울은 후에 목이 잘리는 처형을 받았다고 합니다.

사도행전은 비약적으로 끝이 나지만 교회는 계속됩니다. 이 책에서 그들의 목숨을 잃은 믿음의 영웅들은 각자 복음 전파에 공헌하였습니다. 우리는 이제 사도행전의 29장을 기록하고 있는 것입니다. 우리는 무엇을 해야 할까요?

바울의 선교여행

ACTS 13:1-21:16

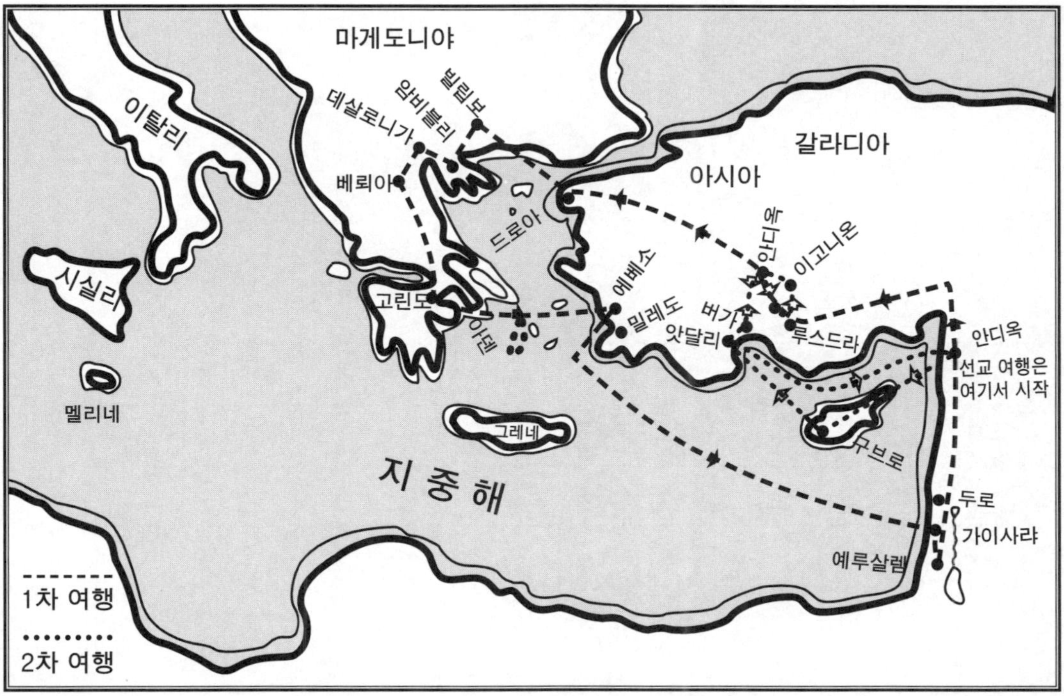

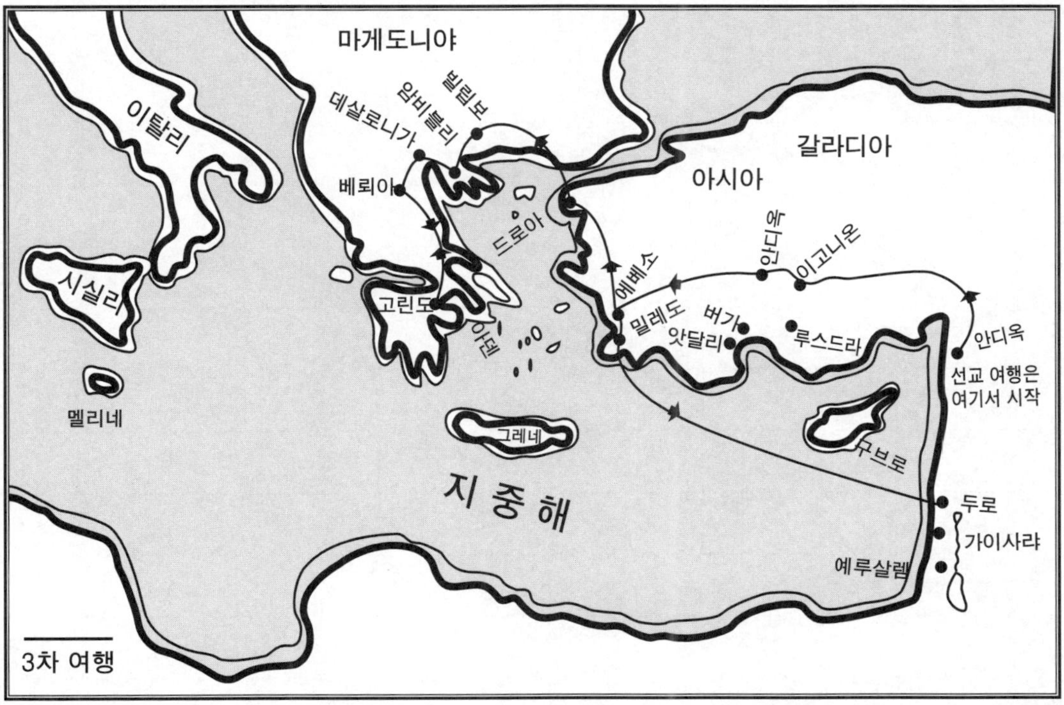

NOTE

제 7 장
바울서신

바울 서신은 서신과 편지는 구분되는데 바울의 문서들은 거의 모두가 다 구체적인 상황 속에서 구체적인 목적을 갖고 기록된 것입니다. 즉 특수한 교회와 특정한 사람들을 염두에 두고 쓴 글이라는 점에서 실제적인 "편지"라고 볼 수 있습니다. 다른 한편으로 구체적인 상황에 관련된 것 이라기보다는 일반적인 교훈들이고 또 공개를 목적한 글로 생각되는 것들도 있는데(엡, 골) 이런 경우엔 "서신"의 형태에 가깝다. 그러므로 바울 서신은 편지와 서신의 특징들이 모두 나타난다고 결론지을 수 있습니다.

1) 교회서신(9권)－교회에 쓴 편지
   로마서, 고린도전서 / 후서, 갈라디아전서 /
   후서, 에베소서, 빌립보서, 데살로니가서전서 / 후서

2) 목회서신(4권) 목회자(지도자)에게 쓴 서신
   디모데전서 / 후서, 디도서 빌레몬서

3) 바울 서신의 형식
   당시 헬라에서 통용되던 편지의 기본 형태와 크게 다르지 않았다.
   상세히 그 형식을 살펴본다면 5부분으로 아래처럼 나누어 살펴볼 수 있다.
   (1) 서두(발신자, 수신자, 인사) (2) 감사 혹은 축복 (3) 교리적 내용
   (4) 윤리적 내용 (5) 결론(문안인사, 마지막 축도)

바울의 편지들은 결코 사사로운 개인적 편지가 아니라 거의 모두 교회나 성도들에게 보내진 대중적인 편지였습니다.

바울
공회앞에서 선 바울

제32주 로마서

로마서는 신약의 새로운 부분을 시작하는데 --- 그것은 서신서입니다. 서신서란 무엇입니까? (14면을 보십시오)

신약의 21개의 서신서 중 14개가 바울에 의해 씌어졌으며 그러므로 인해 "바울 서신"이라고 불리워집니다. 그의 선교 여행 도중, 그리고 감옥에 있는 동안 바울은 다른 지역에 있는 새 개종자들에 관해 매우 근심하게 되었으며 그러므로 그는 그가 그들과 함께 있다면 그들에게 말해 주었을 것들을 쓰게 된 것입니다.

로마서는 수세기 동안을 수 많은 위대한 사람들에게 강력한 영향을 끼쳐왔습니다. 성 어거스틴은 로마서를 읽다가 변화되었습니다. 종교개혁 기간 동안 마틴 루터의 주제는 "오직 의인은 믿음으로 말미암아 살리라"는 로마서 1:17 이었습니다. 감리교의 창시자 요한 웨슬레는 어떤 사람이 루터의 로마서 주석을 읽는 것을 듣다가 구원을 받았습니다.

로마서는 신약의 그 어디에서도 찾아볼 수 없는 기독교 신앙의 가장 완벽하고 가장 논리적이고 가장 분명한 진술입니다.

로마에서 교회를 누가 시작했는지는 아무도 확실히 알지 못합니다. 어떤 이들은 그것이 베드로라고 믿고 있지만 베드로의 사역은 유대인들에게 향한 것이었습니다. <갈2:9> 신약은 베드로가 로마에 있었다고 결코 언급하지 않고 있습니다. 그러나 사도행전 2:10

은 오순절날 로마로부터 온 사람들이 있음을 보여줍니다. 브리스길라와 아굴라는 복음을 아는 유대 로마인이었습니다. 오순절 날에 로마로부터 온 사람들이 복음의 씨앗을 로마로 가져가서 그곳에서 역사를 시작한 것이 거의 확실한 것 같아 보입니다.

바울은 로마에서 복음을 전파 하고자 하는 간절한 소원을 가지고 있었으며 로마인들에게 보내는 서신은 그가 그곳으로 가는 것을 준비하는 길이었습니다.

이 책의 간략한 개요 :

Ⅰ. 서론 〈1:1-17〉

Ⅱ. 구원을 얻는 길 〈1:18-11:36〉

Ⅲ. 그리스도인의 삶을 사는 길 〈12-16장〉

****

Ⅰ. 서론 〈1:1-17〉

14개의 모든 바울 서신은 히브리서만을 제외하고는 그의 이름과 함께 시작됩니다. 그 당시에는 오늘날 우리들이 하는 방식과 같이 기록하는 자의 이름과 인사를 편지 끝에다 두는 대신에 그것들과 함께 시작하는 것이 관례였습니다.

바울은 그가 설립하지도 않았고 아직 방문도 하지 않은 교회에 썼기 때문에 그는 길고도 공식적인 인사로 시작하고 있습니다. 그는 그의 사도직의 자격을 제시하고 그가 이방인들 가운데 전파한 믿음의 간략한 개요를 이 첫 부분에서 주고 있습니다.

■ **로마서**

1. 기록자 : 사도 바울
2. 기록연대 : A.D. 56~58년 사이
3. 기록장소 : 그리스에 있는 고린도시
4. 기록대상 : 유대인과 이방인을 포함해서 로마에 있는 모든 기독교인
5. 핵심어 및 내용 : 로마서의 핵심어는 "죄"와 "구원"과 "믿음"이다. 사도 바울은 우리가 범죄한 결과로 하나님과의 관계가 파괴되었고 오직 하나님의 아들이신 예수 그리스도를 믿어야만 구원을 받아서 이 깨어진 관계를 다시 회복할 수 있다고 분명하게 설명한다.

이 책의 요절은 이 부분에서 찾을 수 있는데 --- 그것은 1:16 입니다.

이 부분에서는 복음을 설명하기 위해서 몇 개의 주요한 단어들이 사용되고 있습니다. 성경사전을 사용해서 다음의 말들을 정의해 보십시오.

사도 : ______________________________

복음 : ______________________________

성도 : ______________________________

은혜 : ______________________________

믿음 : ______________________________

Ⅱ. 구원을 얻는 길 < 1:18-11:36 >

우리는 본질적으로 죄인이기 때문에 구원이 필요합니다. 이 단원의 첫 부분에서 하나님은 우리들에게 인간의 마음을 그린 명확한 그림을 보여주십니다. 그분은 실제로 우리가 어떠한 존재인가를 우리에게 보여주시는 것입니다.< 1:18-32 >

아래의 구절을 완성하십시오.< 로마서 3:10-11 >

"의인은 ________ 하나도 ________ , ________도 없고,

________________________ 도 없고."

바울은 사실주의자였습니다. 그는 죄의 실제를 알았으며 그러므로 인하여 그는 그것을 가장 끔찍한 용어들로써 다루고 있습니다. 그가 로마인들과 다른 신자들에게 기록한 것은 오늘날의 가상과 이론을 파기합니다. 여기에서 바울은 성령의 감동아래 인류의 참 모습을 그리고 있는 것입니다. 그는 인간은 오늘날 수많은 사람들이 생각하거나 가르치는 것처럼 본래부터 선하지 않음을 경고하고 있습니다. 그는 또한 도덕주의자들이 사람은 교육의 과정을 통

하여 선하게 훈련받을 수 있다고 하는 주장이 얼마나 절대적으로 거짓인지를 보여줍니다. 바울은 인간의 본질은 완전히 악에 의해 부패했다는 것을 분명히 하고 있습니다.

구원받지 못한 사람은 죄와 사망에 매여 있습니다. 그러나 3:21에서부터 시작해서 바울은 우리의 딜레마에 대한 하나님의 처방을 설명하고 있습니다. 이것은 로마인들에게 보낸 바울의 편지의 가장 심장부이니다. 그는 그의 화려한 문체로 하나님의 구원을 나타내지만 우리는 간단한 구원의 단계를 명확히 볼 수 있는 것입니다.

창세기에서 인간의 타락이후 모든 사람들은 다음과 같이 물어왔습니다. "어떻게 우리는 하나님과 바른 관계를 맺을 수 있습니까?" 혹은 "어떻게 우리는 죄를 없이 할 수 있으며 또한 하나님 보시기에 받아드려질 수 있습니까?"

이 단원에서 그리스도인은 '의로워진 자'로 묘사됩니다. '의롭다'라는 말은 무엇을 의미합니까?

____

____

____________에 의해서 사람은 의로워집니다.< 3:28과 5:1 >

구원의 계획을 설명하는 가장 간단한 길은 다음의 구절들에서 찾을 수 있는 "로마서의 길"입니다. 다음의 구절들을 기록하시고 그것들을 반드시 외우십시오:

로마서 3:23 ________________________________

____

로마서 6:23 ________________________________

로마서 10:9-10 ________________________________

____

____

____

우리가 그리스도인이 되면 그 어느 것도 우리를 그리스도의 사랑에서 끊을 수 없습니다.<8:35-39>

Ⅲ. 그리스도인의 삶을 사는 길 < 12-16장 >

우리는 그리스도인의 되는 길을 배웠습니다. 이제 우리는 그리스도인답게 사는 길을 배워야 합니다. 로마서 12:1을 다음의 빈칸에 기록하십시오:

____

____

____

이 구절에서 바울은 우리에게 우리의 믿음이 분량대로 삶을 살아가기를 권면합니다. 그는 계속해서 믿음으로 인한 구원의 교리가 우리 그리스도인의 삶에 있어서 방종을 허락하지 않는다고 설명합니다.

우리는 섬기기 위해 구원받았습니다.

로마서의 이 단락에서 우리는 하나님의 말씀 가운데서 성결한 삶에 대한 가장 포괄적이고 영감 있는 호소를 발견하게 됩니다. 그것은 우리 각자 자신을 그리스도께 전적인 굴복을 하도록 감동할 것입니다.

12장에서 바울은 그리스도인들의 다른 사람들과의 관계, 기독교 신앙 밖의 사람들과의 관계까지도 다루고 있습니다. 13장에서 그는 우리가 사회의 한 구성원으로서 어떻게 살아야 하는가를 말씀하고 있습니다. 그리고 나서 14장과 15장에서 우리는 믿음이 연약하고 성숙치 못한 동료 그리스도인들을 어떻게 다루어야 하는가를 배웁니다.

이 장들로부터 우리는 무엇이 옳고 그른가를 결정하기 위하여 우리 자신들에게 물어야 할 네 가지 질문들을 구성할 수 있습니다.

1) 그것이 내 몸을 해치는가?
2) 그것이 내 양심을 해치는가?
3) 그것이 내 증거를 해치는가?
4) 그것이 내 약한 형제를 해치는가?

16장은 바울이 로마에 있는 사람들에게 추천하는 그리스도인들의 목록입니다. 이것은 바울이 그의 그리스도 안의 형제들과 자매들의 개인적인 삶에 있어 얼마나 많은 관심을 두었는가를 보여주고 있습니다.

로마서를 요약해 본다면 첫 부분은 하나님께서 우리를 위해 무엇을 하셨는가를 우리에게 말씀해주며 나중 부분은 우리가 하나님을 위해서 무엇을 해야 하는가를 우리에게 말씀해 준다고 할 수 있습니다.

제33주 고린도전서

고린도 성전
로마제국의 대도시로, 바울은 이곳을 그리스의 남부 아가야 지역 선교의 거점으로 삼았다. 이곳에서 바울은 붙잡혀 재판을 받기도 하였다. 바울의 선교는 그의 소망대로 고린도를 중심으로 아가야 전역으로 퍼져 나갔다.(고린도전서 10:31)

고린도는 북에서 남으로 이르는 가장 중요한 여행 노선에 위치에 있다는 주된 이유로 인하여 희랍의 가장 중요한 도시였습니다. 그 도시는 상업과 문화와 우상숭배가 두드러진 곳이었습니다.

바울은 실패 같아 보이는 아덴 방문 이후 그의 제 2 차 선교 여행시에 고린도를 방문하였습니다.<행 18:1-17> 그가 고린도에서 1년 반을 머문 기간 동안 바울은 어떠한 새로운 두명의 동료를 사귀었습니까? <행 18:2>

1.____________________ 2.____________________

그가 고린도를 떠날 때 그 교회는 영적인 은사들이 풍성히 넘치게 되었습니다. <고전 1:4-7> 그러나 고린도 교인들은 그들의 도시의 죄악에 의해 엄청난 유혹을 받았습니다.

바울은 고린도로부터 에베소로 여행했습니다. 사도행전 19장에 의하면 그는 에베소에서 3년간을 머물렀는데 그 기간 동안 그는 고린도에 있는 교회에 음행에 관한 숨김없는 편지를 기록하였습니다.<고전 5:9> 이 편지는 보존되지 않았습니다. 그리고 나서 고린도 교회는 바울에게 교회 교리와 실천에 관한 여러 가지 질문들을 대답하면서 또한 그들의 범죄에 대하여 그들을 꾸짖고 있습니다. 신약에서 어떠한 편지도 지역교회의 문제들에 관하여 이와 같이 심하게 다루고 있는 것은 없습니다.

고린도전서의 간략한 개요 :

Ⅰ. 교회 안의 도덕적인 교정 < 1-11장 >

Ⅱ. 교회 안의 영적 은사 < 12-14장 >

Ⅲ. 교회 안의 교리 < 15-16장 >

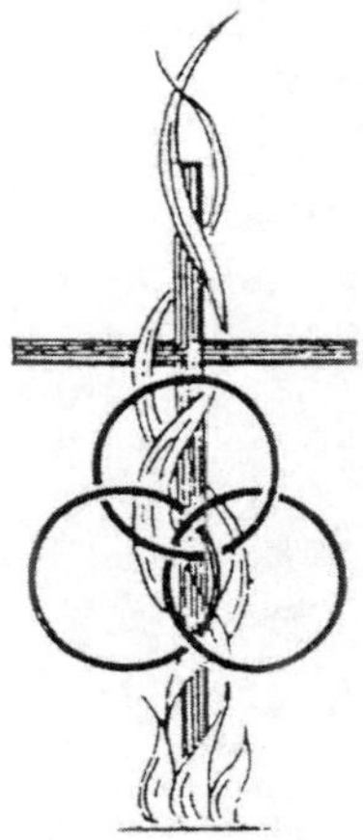

****

Ⅰ. 교회 안의 도덕적인 교정 < 1-11장 >

바울의 노고로 인해 얻은 보화 중 하나였던 훌륭한 고린도 교회는 그 도시의 세속주의가 그 안으로 들어옴으로 인하여 부패해 가고 있었습니다. 고린도 안에 교회가 있는 것은 괜찮았지만 교회 안으로 고린도가 들어 왔을 때 그것은 영적으로 치명적인 것이었습니다. 위대한 교회들은 언제나 외부로부터가 아닌 내부로부터 망했으며 이 교회는 이러한 진리를 입증해 주는 훌륭한 본보기입니다.

이 악한 도시에서 행해지는 보편적인 행위들이 교회 안으로 기어들어왔습니다. 교인들 사이에 파당이 있었습니다. 그리스도인들이 다른 그리스도인들과 함께 법정에 가서 믿지 않는 재판관 앞에 섰습니다. 성찬석상에서 행동은 은혜롭지 못했습니다. 교회의 여인들은 정숙함의 표준을 지키지 않았습니다. 교인들은 결혼과 영적 은사들에 관하여 논쟁하였습니다.

바울은 교회 내에서 분쟁과 파당 짓는 것을 말함으로 시작합니다. 작은 정치적인 모임들처럼 교회의 증거와 효율성을 해치는 것은 없습니다.

■ **고린도전서**

1. 기록자 : 사도 바울
2. 기록연대 :
   A.D. 55~57년 사이
3. 기록장소 : 에베소
4. 기록대상 : 고린도시에 있는 성도들
5. 핵심어 및 내용 :

고린도전서의 핵심어는 "회개"와 "연합"이다. 바울은 사랑하는 마음과 단호한 태도로 회개하고 죄악에서 벗어나 바른 삶을 살라고 고린도 교회 성도들을 권면한다. 또한 고린도 교회가 추구해야 할 아름다운 모습은 예수 그리스도 안에서 하나가 되는 일이다. 한 몸이 되었을 때 서로 사랑하고 섬기며 세워줄 수 있을 뿐만 아니라 그들 각각 속에 거하시는 동일한 성령님께서 주시는 힘을 의지하여 악의 세력을 이길 수 있게 된다.

제각기 다른 지도자들을 따르는 자들이라고 주장하는 네 무리들이 1:12에 언급되었습니다. 이 사람들의 이름을 쓰십시오:

1.________________________ 2.________________________

3.________________________ 4.________________________

바울은 파당을 짓는 뜻으로 그를 따르는 누구도 용납하지 않았습니다. 그는 그들을 위하여 십자가에 못박히지도 않았으며 그의 이름으로 누구도 세례를 받은 적이 없습니다. 그는 실제로 그 자신이 거의 세례를 베풀지 않았음을 감사했습니다.<1:14-17>

이 문맥에서 바울의 말은 신약에서 세례는 구원의 일부로 간주되지 않음을 명백히 해주고 있습니다. 만일 세례가 구원의 일부라면 바울이 어찌 복음을 증거하고 나서는 '그리스도께서 나를 보내심은 세례를 주게 하려 하심이 아니니요...' <1:17>라고 말씀할 수 있겠습니까? 만일 세례가 구원의 한 부분이라면 바울이 복음을 증거하고 나서는 거듭난 자들에게 세례를 주지 않는다는 것이 얼마나 우스꽝스러운 일일까요?

1:18-2:16에서 바울은 하나님의 지혜를 지적합니다. 그는 고린도인들이 추구하는 세상의 지혜와 하나님의 순전한 지혜를 비교하고 있습니다. 하나님은 그의 지혜 안에서 사람이 보기에 어리석어 보이는 것을 모든 인류를 위한 구속의 수단으로써 선택하셨습니다. 그것은 무엇입니까? <1:18>

____

바울의 마음은 그가 5장에서 기록했듯이 슬픔과 아픔으로 가득했습니다. 그는 어떻게 사정이 그렇게도 빨리 그와 같이 나빠질 수 있는가를 자신에게 물어봐야 했습니다. 불신자들조차도 그런 식으로는 행동하지 않았을 것입니다.<5:1>

그 교회 내의 사람들 중 하나는 그의 계모와 함께 간음의 생활을 하고 있었습니다. 그러나 그런 일이 발생했다는 것보다 더욱 나쁜 것은 교회가 그것을 하찮게 생각하고 그 상황을 고치려고 시도조차 하지 않았다는 것입니다.<5:1-2>

바울은 그리스도인들이 함께 모여 그들의 교제로부터 이 사람을 쫓아내라고 말했습니다. 그것이 그를 돕는 유일한 길이었습니다. 그들이 그가 한 것을 무시해 버리거나 너그러이 보아 넘기는 것으로서는 전혀 돕는 것이 아니었습니다. 쫓아내는 것은 또한 죄가 전염되어 다른 많은 사람들에게 영향을 미치는 것을 방지하는 유일한 길이었습니다.<5:6-8>

5장 9-10에서 바울은 무엇을 의미하고 있습니까?

____

____

6:12에서 바울은 무엇을 의미하고 있습니까?

____

____

7장에서 바울은 그리스도인들을 위한 결혼의 주제를 말씀하고 있습니다. 교회 안에는 결혼을 하지 못하게 하려는 사람들이 있는가 하면 또 어떤 이들은 기독교인이 되면 그의 안 믿는 배우자와 이혼해야 한다고 말하기도 했습니다, 그러나 바울은 지혜로웠습니다. 그는 고린도와 같은 곳에서 정상적인 가정을 유지하는 것이 힘든 것임을 알았지만 바울은 그들이 노력하기를 원했습니다.

불신자와 결혼한 사람은 어떻게 해야 한다고 바울은 말했습니까? <7:16>

____

11장에서 바울은 성찬에 관해 말씀합니다. 음식을 먹는 것과 연관하여 성찬을 하는 것은 고린도교회의 관례였습니다. 그것은 "애찬"이라고 불리워졌습니다. 각자가 자신의 음식을 가져왔는데 부자들 가운데서는 음식이 넘쳐났고 반면에 가난한 자들은 거의 없거나 아무것도 없었습니다. 부자들은 술에 취하기까지 하곤 했습니다.

성찬에 관하여 다음 질문들에 대답하십히오. <11:23-30>
그것은 언제 제정되었습니까? ______________________________
우리는 왜 그것을 지켜야 합니까? ___________________________
우리는 얼마나 자주 그것을 지켜야 합니까? ___________________
____
그것은 무엇을 보여줍니까? _________________________________
____

성찬을 합당치 못하게 지킴으로 인하여 고린도 교인들 중 몇 사람이 아프거나 또한 죽기까지 했다고 바울은 말씀하고 있습니다.<11:30>

Ⅱ. 교회 안의 영적 은사 〈12-14장〉

처음 시작부터 은사의 의미와 사용에 관해서 교회 안에서 분쟁이 일어났습니다. 흔히 경우가 그렇듯이 고린도 교회 안에서도 질투와 교만으로부터 분쟁은 자라갔습니다. 각종 은사, 특별히 방언의 은사와 중요성에 있어 적대의식이 있었습니다. 바울은 고린도 교인들에게 모든 은사는 하나님께로부터 오는 것이며 그러므로 인해 아무도 그의 은사에 관해 자부심을 가질 아무런 이유가 없음을 상기 시킵니다.

하나님은 특정한 이유들로 하여 그의 교회에 은사를 주십니다. 에베소서 4:12에 의하면 그것들은 무엇입니까?

1. ____________________

2. ____________________

3. ____________________

그러므로 성령의 은사는 신자를 세워주고 사역을 해주며 교회를 이루어 나가기 위해 주어졌다는 것을 성경이 가르치고 있음을 알 수 있습니다. 어떠한 은사의 정당성을 알아볼 때 "그것이 이 세가지 것들을 하고 있는지"를 우리는 반드시 물어보아야 합니다. 은사는 개인을 세우기 위하여가 아니라 그리스도의 온전한 몸을 세우기 위하여 주어지는 것입니다.

13장에서 바울은 그 영적 은사 혹은 그 행위가 무엇이든 간에 하나의 주요 요소가 없이는 그것이 아무 쓸데가 없음을 설명하고 있습니다. 고린도전서 13:1-3에 의하면 그 주요 요소는 무엇입니까?

____

Ⅲ. 교회 안의 교리 〈15-16장〉

고린도교회의 마지막 주요 문제는 죽은 신자들의 부활과 같은 교리적인 것이었습니다. 어떤 이들은 육체의 부활은 없다고 말했습니다. 바울은 만일 몸의 부활이 없다면 그리스도께서도 부활하지 않았을 것이라고 반론합니다. 후자가 없이는 전자를 얻을 수 없습니다. 그리고 만일 그리스도께서 부활하지 않으셨다면 우리에게는 소망이 없는 것입니다.〈15:16-19〉

부활에 관하여 다음의 질문들을 대답하십시오:

이 땅위의 그리스도인들에게 어떤 일이 일어날 것입니까?〈15:51〉

____

이미 죽은 신자들에게는 어떤 일이 일어날 것입니까? <15:52>

16장은 마지막 교훈들과 고린도교회로 보내는 안부를 담고 있습니다. 주요한 도덕적 그리고 교리적 문제들을 옆으로 비껴놓고 바울은 이제 몇가지 마지막 개인적인 의견으로 방향을 돌립니다. 이 마지막 절들에서 그는 고린도에 있는 모든 신자들을 향한 그의 깊은 사랑을 표현하고 있습니다. 그들이 비록 육적이고 이기적이었으나 바울은 그들을 사랑했으며<16:24> 그들의 사랑을 서로 보여 주도록 그들을 격려했습니다.<16:20> 이 서신은 교회의 문제를 제거하는 유일한 길은 사랑으로 됨을 분명히 가르치고 있습니다.

제34주 고린도후서

바울은 고린도 교회에 그의 첫 번째 편지(고린도전서)를 보내고 난 후에 고린도교인들이 그의 말을 어떻게 받았을까 궁금해 하기 시작했습니다. 이 매우 엄중한 편지는 그가 쓰기에 너무도 고통스러웠으므로 그는 그것을 쓰면서 울었습니다<고후 2:4>. 그의 염려 때문에 바울은 그 편지가 어떻게 받아 들여졌는가를 알아보기 위해 디도를 보냈습니다. 후에 바울은 그 자신이 고린도를 향해 갔습니다.

바울은 드로아에서 디도를 만나 고린도 교인들이 그 엄중한 편지를 어떻게 받아 들였는가를 듣기 바랐습니다. 그러나 디도는 거기에 없었습니다. 그리고 바울은 고린도에 관해 너무도 근심스러웠음으로 드로아에서 전도할 마음이 전혀 없었습니다<고후 2:12-13>. 그는 마게도냐로 가서 거기에서 디도를 만나 고린도 안의 일들이 훨씬 좋아졌다는 말을 듣게 되었습니다. 그 편지는 바라던 변화를 낳았던 것입니다. 이제 고린도 교인들은 바울을 영접할 준비가 되었습니다<고후 7:15-16>. 고린도에서 온 좋은 소식에 대한 기쁨이 바울로 하여금 고린도후서를 기록할 마음을 불러 일으켰는데 그것은 아마도 빌립보시에서 였던 것 같습니다.

이 책의 간략한 개요 :

Ⅰ. 그의 사역에 대한 바울의 설명 < 1-7장 >

Ⅱ. 드리는 것에 대한 바울의 가르침 < 8-9장 >

■ **고린도후서**

1. 기록자 : 사도 바울
2. 기록연대 :
   A.D. 55년에서 57년 사이 고린도전서를 기록한지 한달 후에 기록했다.
3. 기록장소 :
   마게도냐에 있는 빌립보시에서 기록했을 가능성이 높다.
4. 기록대상 : 고린도 교회의 성도들
5. 핵심어 및 내용 :
   고린도후서의 핵심어는 "권위"와 "화해"와 "나눔"이다. 사도 바울이 고린도 교회의 영적 아버지로서 그들에게 선언한 "권위"는 하나님이 그에게 직접 부여해 주신 것이다. 그리고 바울은 교회나 가정이나 다른 인간 관계에서 분열이 있을 때 화해를 이루어 나가도록 노력하는 것이 모든 신자들의 책임이라고 도전하고 있다. 또한 기독교인들이 모든 삶에 대한 나눔의 원리들을 이해하기만 한다면 하나님께서 주시는 또 다른 축복의 약속들을 확신할 수 있게 될 것이다.

Ⅲ. 바울의 신임장 < 10-13장 >

****

Ⅰ. 그의 사역에 대한 바울의 설명 < 1-7장 >

고린도에서 어려웠던 기간 동안 바울에 대하여 수 많은 거치른 비난이 있어왔습니다. 이 비난들 중 어떤 것은 아마도 그에게 편지로 보내졌으며 다른 것들은 그의 면전에서 직접한 것이었습니다. 이제 이 모든 것이 다 안정되었지만 바울은 그의 사역과 주님의 사도로서의 그의 권위를 정당화 하기 위하여 글을 쓰지 않을 수 없었습니다.

그의 일상적인 문안인사 후<1:1-2>, 바울은 그의 가장 최근의 체험들 속에서 그의 동료들의 현황을 상기시킵니다. 그는 에베소에서 있었던 폭동과 그러한 다른 어려움들을 언급합니다. 그는 심한 억압아래 눌려왔으나 이제 그는 안도의 숨을 쉬며 뒤를 돌아봅니다<1:8-10>.

고린도 교인들과의 어려웠던 것들은 바울에게 뿐만 아니라 그들에게도 고통을 초래했습니다<2:1-5>. 그것은 이제 모두 해결되었으며 바울은 그에게 잘못했던 모두를 관용하며 용서합니다. 그는 교회도 그와 같이 되기를 바랬습니다<2:6-11>.

바울은 그가 주님을 섬기면서 수 많은 어려움들과 문제들을 갖고 있었습니다. 성경의 어느 곳에서도 그리스도인들은 그들이 문제들이나 환난으로부터 해방될 것이라고 약속되어 있지 않습니다. 오히려 예수님은 이 세상에서 너희가 환난을 당할 것이라고 말씀하셨습니다<요16:33>. 하나님은 우리의 믿음을 통하여 우리를 구하실 수 있도록 우리에게 환난과 문제들을 허락하십니다.

---하나님은 요셉이 노예로 팔려 가는 것을 허락하시고는 그의 궁지를 승리로 바꿀 수 있도록 하셨습니다.

---하나님은 다니엘이 사자굴 속에 던져지도록 허락하시고는 그를 건져내셨습니다.

---하나님은 사드락, 메삭, 아벳느고가 풀무불 속에 던져지도록 허락하시고는 그들을 건져내셨습니다.

---그리고 하나님은 바울이 파선을 당하도록 허락하시고는 그를 구하셨습니다.

우리의 하나님은 가장 악한 환경 속에서 우리를 돌보아 주실 수 있습니다.

바울이 놀라운 기대를 갖고 그의 환난을 인내할 수 있었던 그 세 가지 이유를 찾아 보십시오.

1.고린도후서 4:10 ______________________________

____

____

2.고린도후서 4:17 ______________________________

____

____

3.고린도후서 5;1-9 _____________________________

____

____

바울은 5:10에서 그리스도의 심판대에 관해 말씀하고 있습니다. 계시록에서 우리는 크고 흰 보자의 심판에 관해 읽습니다. 이 두 심판들을 기술하십시오.

그리스도의 심판대<고전 3:11-15> ____________________

____

____

____

크고 흰 보좌 심판<계 20:11-15> ____________________

____

____

____

바울은 성결한 삶을 위한 호소로써 이 부분을 마칩니다<6장과 7장>.

Ⅱ. 드리는 것에 대한 바울의 가르침 < 8-9장 >

8장의 시작에서 바울은 마게도냐 교회들의 관대함에 관하여 고린도 교회에 말씀하고 있습니다. 그들 자신이 가난하였음에도 불구하고 마게도냐인들은 드리는 기회를 원하였습니다. 그들은 먼저 그들 자신을 주께 드렸기 때문에 관대하게 드렸던 것입니다.

다음의 구절들은 우리가 어떻게 드려야 한다고 말씀하고 있습니까?

8:2 ____________________

8:12-14 ____________________

9:6 ____________________

9:7 ____________________

고린도후서 9:6과 누가복음 6:38에서 관대하게 드리는 자에게 어떠한 약속이 주어졌습니까? ______________________

____

우리는 마태복음 23:23에서 예수님께서 구약의 드리는 방법을 말씀하신 것을 여기에 더할 필요가 있습니다. 그것은 무엇입니까?

____

Ⅲ. 바울의 신임장 〈10-13장〉

이 편지의 마지막 부분은 바울의 사도적인 사역에 대한 그의 방어를 포함하고 있습니다. 어떤 이들은 바울이 편지로써는 담대하나 실제로 대하여서는 약하다고 바울을 책잡았습니다. 그에 대한 이 개인적인 공격을 논박하기 위하여 바울은 그리스도를 위한 그의 여러 환난에 대하여 언급하고 있습니다. 바울이 환난 당한 여섯 가지 내용들을 열거하십시오〈11:23-28〉.

1.____________________ 4.____________________

2.____________________ 5.____________________

3.____________________ 6.____________________

12장에서 바울은 그의 육체의 가시에 관해 말씀하고 있습니다. 바울은 육체에서 이 가시를 제하여 달라고 주님께 세 번씩이나 간구하였지만 하나님의 대답은 "아니다"였습니다. 하나님은 언제나 기도를 응답해 주시는 데 때로는 그 응답이 "아니다"라고 임한다는 사실도 우리는 배워야 합니다.

"가시"에 관한 바울의 요청에 대한 하나님의 응답은 12:9에서 발견되어 집니다. 그것이 무엇을 의미하는지 설명하십시오.

____

____

고린도후서 13:5은 "너희가 믿음에 있는가 너희 자신을 시험하고 너희 자신을 확증하라"고 말씀하십니다. 바울은 이 편지에서 우리 자신 각자가 우리 자신을 알아야 하며 우리의 믿음을 확인함으로써 우리가 속지 않아야 할 것을 강조하고 있습니다.

이 편지는 13:13에서 성경의 어느 곳에서 찾아 볼 수 있는 것보다도 가장 아름다운 축도 중의 하나로써 끝을 맺습니다. 그것을 아래에 기록하십시오.

제35주 갈라디아서와 에베소서

(1) 갈라디아서

바울은 아마도 갈라디아 지방의 여러 교회들에게 이 편지를 썼을 것입니다. 그는 그의 제 2 차 선교여행 기간 동안 이 지역을 방문했습니다<행 16:6>.

갈라디아에서 그의 사역은 극도로 성공적이었습니다. 대부분이 이방인들이었던 수많은 사람들이 간절한 마음으로 그리스도를 영접하였으나 바울이 갈라디아를 떠나자 심각한 문제들이 일어나게 되었습니다. "유대 주의자"라고 불리우던 유대 교사들이 와서는 이방인들이 모세의 율법을 지키지 않고는 그리스도인이 될 수 없다고 주장했던 것입니다. 갈라디아인들은 그들이 복음을 받아들였을 때와 똑같은 열정으로 이 가르침을 받아들인 것이 분명했습니다. 그러므로 갈라디아인들 가운데서 할례가 유행처럼 되었던 것이었습니다.

바울은 이 말을 듣자 사람이 구원을 받는 것은 믿음에다 율법을 지키는 것을 더함에 의해서가 아니라 오직 믿음에 의해서임을 그들에게 설명하기 위하여 이 서신서를 기록하였습니다.

이 책의 간략한 개요 :

Ⅰ. 바울이 그의 사도직을 변호하다 <1-2장>

Ⅱ. 바울이 복음을 설명하다 <3-4장>

■ 갈라디아서

1. 기록자 : 사도 바울
2. 기록연대 :
   A.D. 49~55년 사이
3. 기록장소 :
   안디옥이나 에베소에서 기록했을 가능성이 높다.
4. 기록대상 :
   갈라디아에 있는 기독교인들
5. 핵심어 및 내용 :
   갈라디아서의 핵심어는 "은혜"와 "자유"이다. 우리자신의 선한 행동에 의하여서가 아니라 하나님의 값 없는 은혜로 말미암아 의롭게 되고 하나님과 올바른 관계를 다시 회복할 수 있게 된다. 또한 하나님께서 우리에게 허락해 주신 자유는 그리스도께서 우리를 대신해서 죄값을 치루어 주셨기 때문에 우리가 누릴 수 있게 된것이다. 따라서 이 자유를 가지고 죄를 지을 것이 아니라 성령님의 인도를 받아서 하나님의 뜻을 행해야 한다.

Ⅲ. 바울의 어떻게 복음을 실천해야 하는가를 설명하다

< 5-6장 >

****

Ⅰ. 바울이 그의 사도직을 변호하다 < 1-2장 >

1:6에서 바울은 이 새로운 그리스도인들이 그들을 자유케 해 준 복음을 포기하고 복음을 전혀 복음이 되지 못하게 만드는 유대인의 다른 가르침을 그렇게도 빨리 받아들인 것을 놀라고 있습니다. 바울은 만일 하늘에서 온 천사라도 그가 전한 것 외에 어떠한 다른 복음을 전한다면 그는 저주를 받을 것이라고 말씀합니다<1:8-9>. 그는 또한 그가 전하는 복음은 사람에게서 온 것이 아니라 하나님께로부터 온 신성한 계시였음을 말씀하고 있습니다<1:12>.

성경사전을 사용해서 계시가 영감과 어떻게 다른지 찾아 보십시오.

____

____

____

다음의 도표 중 어느 것이 계시를 설명한 것이고 어느 것이 영감을 설명한 것입니까?

하나님	바 울
⬇	⬇
진	진
리 ______________	리 ______________
⬇	⬇
바 울	갈라디아인들

바울은 그가 전파하는 것에 대해 누구의 가르침도 받지 않았으며 대신에 3년간 아라비아에 가서 거기에서 하나님의 영의 음성을 들었습니다<1:17-18>.

바울의 권위는 2:11-21에서 보여지는데 그것은 그가 베드로를 꾸짖는 것을 기록하고 있습니다. 바울은 사도 베드로와 같은 강력한 인물에 의해서 조차도 지배를 받고 있지 않았습니다. 여기에서 우리는 어떤 이들이 믿고 있는 것과는 반대로 베드로가 초대 그리스도인들 가운데 최고의 권위가 아님을 볼 수 있습니다.

Ⅱ. 바울이 복음을 설명하다 <3-4장>

갈라디아인들은 미혹되었습니다. 그들의 거짓교사들은 그들에게 하나님과의 관계는 믿음에 의해서 시작되었으나 행위에 의하여 유지된다고 가르치려 했습니다. 그들은 그 계획을 정확히 뒤집어 놓은 것이었습니다.

바울은 3:24에서 '율법은 우리를 그리스도께로 인도하는 몽학선생이며 우리는 믿음으로 의로워진다' 고 말씀하고 있습니다.
어떻게 율법이 우리의 몽학선생이 되어집니까?

____

____

____

하나님은 결코 그 어느 누구를 구원하기 위하여 율법을 주신 것이 아니며 구원 받기 위한 우리의 필요성을 우리가 보도록 도우시기 위하여 율법을 주신 것입니다. 하나님께서 우리에게 의도하신 것과 같이 되기에 우리가 얼마나 못미치며 우리는 결코 하나님께서 요구하시는 삶을 살 수 없다는 것을 우리들에게 보여줍니다. 그러므로 율법은 우리를 그리스도께로 인도하는 영적 지도자입니다.

Ⅲ. 바울의 어떻게 복음을 실천해야 하는가를 설명하다

〈5-6장〉

여느 때처럼 바울은 이제 그가 가르쳤던 교리를 적용합니다. 처음 적용은 율법으로부터 우리의 개인적인 자유에 관한 것입니다. 바울은 이 자유가 단지 육신의 정욕을 이루는, 이 세상이 원하는 자유가 아님을 설명합니다. 그것에 관하여 바울이 기록한 이 자유를 당신은 어떻게 기술하시겠습니까? <5:13-14>

(여러분의 편리상 5:16-26절을 읽으시고 육신의 정욕을 따라 사는 사람과 성령 안에서 행하는 사람과를 대조해 보십시오.)

갈라디아서 6:1-5은 죄에 빠진 형제를 어떻게 대해야 할지를 설명합니다. 우리는 심판이나 정죄의 자세를 갖으면 안됩니다. 그 반면 우리는 그들을 회복시켜 주기를 구해야 합니다. '회복' 이란 말은 원어에서 부러진 뼈를 고정시키기 위해 쓰이는 의학용어입니다. 그리스도인들은 그리스도의 몸의 지체로써 우리는 그 부러진 지체를 고치기 위해 끊임없이 노력해야 하는데 왜냐하면 하나의 상한 그리스도인은 몸 전체의 사역을 방해하기 때문입니다.

6:11에서 우리는 어떤 특이한 것을 발견합니다. 보통 바울은 그가 부르는 것을 대서인이 받아쓰도록 한 후 간단히 그의 서명을 더합니다. 그러나 바울은 분명히 갈라디아인들을 위해 이 편지를 자신이 친히 기록했습니다.

(2) 에베소서

소아시아에 위치해 있던 에베소는 이방 여신 디아나 숭배의 중심지였는데 그 신전은 고대 세계의 7대 경이 중의 하나입니다. 그곳은 또한 세계 무역의 항구에 위치한 부요한 상업의 중심지였습니다.

바울은 그의 2차 선교 여행시에 짧은 기간 동안 에베소를 방문했으며(사도행전18장) 3차 선교 여행시 그가 에베소에 돌아온 사실을 우리는 알고 있습니다(사도행전19장). 이 두 번째 방문은 3년간 지속되었기 때문에 바울의 설교는 그 도시에 엄청난 영향을 미쳤습니다. 마술을 행하던 사람들은 그리스도께로 돌아왔으며 그들의 마술책들을 태워 버렸습니다. 또한 에베소에서 바울과 어떤 은장색 사이에 심각한 충돌이 있었습니다. 디아나의 음란한 형상에 대한 숭배는 상업화되어 왔으며 그러므로 이 여신의 우상을 만드는 은장색들 사이에는 커다란 산업이 형성되었던 것입니다. 바울의 설교는 이 사업을 방해했으며 그러므로 인해 격렬한 반대를 초래했고 바울로 하여금 강제로 에베소를 떠나도록 하였습니다.

바울이 이 편지를 기록하였을 당시 그는 죄수로써 감옥에 갇혀 있었습니다. <3:1, 4:1, 6:20>. 사도행전 21:15절부터 읽어 보시면 그가 어떻게 죄수가 되었는지 알 수 있을 것입니다.

에베소서의 간략한 개요 :

Ⅰ. 교리적인 내용: 교회의 하늘의 부르심 < 1-3장 >

Ⅱ. 실천적인 내용: 교회의 하늘나라 시민으로서의 생활 < 4-6장 >

****

Ⅰ. 교리적인 내용: 교회의 하늘의 부르심 < 1-3장 >

이 세 장은 신약의 어디에서도 발견할 수 없는 기독교 사상의 정점에 이르고 있습니다. 바울은 그리스도의 몸으로써의 교회에 관

■ **에베소서**

1. 기록자 : 사도 바울
2. 기록연대 : A.D. 60년에서 61년 사이
3. 기록장소 : 로마의 감옥
4. 기록대상 : 에베소에 있는 기독교인들
5. 핵심어 및 내용 : 에베소서의 핵심어 "부요함"과 "하나됨"이다. 모든 신자들은 그리스도 안에서 그리스도의 부요함과 은혜와 영광을 상속 받을 상속자들이다. 에베소서에서는 주님도 한 분이요 믿음도 하나요 세례도 하나라는 사실을 강조함으로써 연합의 중요성을 잘 드러내고 있다.

한 그의 개념을 전개합니다.

1:7에서 바울은 예수의 피를 통하여 우리가 얻은 구속에 관해 말씀합니다. 구속이란 무엇을 의미합니까? (성경사전을 사용하십시오)

____

____

죄인은 무엇의 노예입니까? ____________________

2장에서 바울은 우리가 죄로 인해 죽었었다는 것을 상기시킵니다. 우리는 죄 가운데서 행했으며 이 세상의 풍속을 따랐습니다. 우리는 죄악의 욕구에 노예였으며 오직 하나님의 긍휼만이 변화시켰습니다. 그분은 그리스도 안에서 우리를 살리셨습니다. 8-9절에서 바울은 이 구원이 우리 자신의 행위로 난 것이 아니라 우리에게 향하신 하나님의 선물임을 상기시킵니다. 우리는 우리 자신의 선한 일에 의해서 구원 받은 것이 아니라 선한 일을 하기 위해 구원받은 것입니다<2:10>.

2:14절에서 바울은 그리스도께서 우리 사이의 중간에 막혔던 담을 허셨다고 말씀합니다. 예루살렘 성전 안에는 여러 개의 뜰이 연속해서 있습니다--이방인의 뜰, 여인들의 뜰, 이스라엘의 뜰, 그리고 제사장의 뜰. 이 뜰들은 벽이나 담에 의해서 나뉘어졌습니다. 이방인이 그의 뜰을 넘어 가는 것은 곧 즉각적인 죽음을 의미했습니다.

각 뜰은 주님과 함께 얼마나 더 높은 위치에 서있는가를 나타내었습니다. 그러므로 바울이 그리스도께서 중간에 막힌 담을 허셨다고 말 한 것은 그가 무엇을 의미하는 것이었습니까? <2:14>

____

____

'비밀' 이란 말은 3장에서 세 번 사용되었지만 그것은 어떤 신비스러운 것을 의미하는 것이 아닙니다. 오히려 그것은 하나님께서 그것을 드러내기로 선택하실 때까지 감추어진 어떤 것을 의미하는 것입니다.

바울이 말하는 이 비밀은 무엇입니까? <3:5-6>

____

____

Ⅱ. 실천적인 내용: 교회의 하늘나라 시민으로서의 생활 〈4-6장〉

4장에서 바울은 어떻게 성령 안에서 행하는가를 우리들에게 말씀합니다. 그는 우리들에게 새로운 피조물로서 우리가 어떠한 것들을 벗어 버려야 한다고 말씀하고 있습니다. 그러나 그리스도인이 삶은 모두가 부정적인 것은 아니며 그러므로 바울은 우리의 옛 삶의 세상적인 행동들을 대치해야 할 긍정적인 그리스도인의 행위를 또한 언급하고 있습니다 <4:25-32>.

다음의 구절들에서 우리가 벗어 버려야 할 것들과 입어야 할 것들을 찾아 적합한 장소에 써 넣으십시오.

	벗어 버려야 할 것:	입어야 할 것:
4:25	__________	__________
4:28	__________	__________
4:29	__________	__________
4:31-32	__________	__________
	__________	__________
	__________	__________
	__________	__________

5:18에서 바울은 "술취하지 말라 이는 방탕한 것이니 오직 성령의 충만을 받으라"고 말씀합니다. 하나님의 영으로 충만함 받지 않는 것이 술취하는 것과 똑같이 큰 죄라는 것을 우리는 반드시 기억해야 합니다. 성령으로 충만함 받기 위해서 우리는 반드시 먼저 자신을 비워야 합니다.

교회는 실지로 교인들의 가정들보다 더욱 강력해질 수 없습니다. 교회 안에서 조화가 있으려면 반드시 가정 안에서 조화가 있어야 합니다. 만일 우리가 영적인 교회를 갖으려 한다면 우리는 반드시 먼저 영적인 가정들을 가져야 합니다. 교회와 가정들을 함께 붙들고 있는 것은 내부로부터 오는 힘이지 외부로부터 오는 압력이 아닙니다 <5:22-6:9>.

6:10-18에서 바울은 그리스도인의 영적 무기를 묘사하고 있습니다. 우리는 하나님의 자녀들로서 사탄의 세력과 끊임없는 전쟁을 하고 있으므로 우리는 반드시 하나님의 전신갑주로 무장해야 합니다.

바울은 그의 인사와 이 글을 전달하는 두기고의 배서로 이 편지를 마칩니다.

제36주 빌립보서

빌립보 교회는 제2차 선교여행시에 바울에 의해서 유럽에 처음으로 세워진 교회였습니다<사도행전16장>. 빌립보 교인들에게 보내는 이 편지는 그리스도인들이 이 불행한 세상에서 어떻게 행복해질 수 있는가를 알 수 있게 하기 위하여 씌어졌습니다.

오늘날 수많은 그리스도인들이 실망과 마음의 고통 속에서 어떻게 기뻐할 수 있을까 의문합니다. 그 대답은 빌립보서에서 찾아볼 수 있습니다.

바울은 기뻐하는 것과는 전혀 거리가 먼 환경 속에서 이 편지를 썼습니다. 그는 로마의 죄수였고 바울의 다른 편지들을 읽어 보면 바울은 그가 처형될 것을 알고 있는 것 같았습니다. 그 위에 로마의 몇몇 그리스도인들은 바울에 대적하여 심지어는 모든 것들이 그에게 더욱 어렵게 되기를 원했던 것입니다<빌1:15-17>. 또한 바울은 빌립보 교회의 어떤 문제들에 관해 들었습니다.

바울은 이러한 가장 고통스러운 어려움 가운데서 어떻게 기뻐할 수 있는가를 말과 행위로 우리에게 보여주고 있습니다.

빌립보서의 간략한 개요 :

Ⅰ. 어려움에도 불구하고 어떻게 기쁨을 얻는가 < 1장 >

Ⅱ. 사람들에도 불구하고 어떻게 기쁨을 얻는가 < 2장 >

■ **빌립보서**

1. 기록자 : 사도 바울
2. 기록연대 :
   A.D. 60~62년 사이
3. 기록장소 : 로마 감옥
4. 기록대상 :
   빌립보에 있는 기독교인들
5. 핵심어 및 내용 :
   빌립보서의 핵심어는 "복음"과 "기쁨"이다. 바울은 하나님과의 관계에서뿐만 아니라 다른 사람들과의 관계에서 복음의 중요성을 역설하고 있다. 또한 바울은 고통스럽고 암담한 감옥 생활 속에서도 슬퍼하기는 커녕 성도들에게 끊임없이 계속 솟아나는 기쁨을 보여준다. 그의 이런 놀라운 생활을 할 수 있었던 것은 날마다 주님과 깊은 교제를 하였고 그가 섬기는 교회를 향한 사랑 가운데에 있었기 때문이다.

Ⅲ. 가진 것이 없음에도 불구하고 어떻게 기쁨을 얻는가 〈3장〉

Ⅳ. 그리스도인의 기쁨의 가장 큰 적 〈4장〉

****

Ⅰ. 어려움에도 불구하고 어떻게 기쁨을 얻는가 〈1장〉

바울이 이 편지를 기록하였을 때 그는 악한 환경 가운데 처해 있었지만 그 문제들에도 불구하고 어떻게 승리를 얻었는가를 우리에게 말씀하고 있습니다.

다음의 구절들은 바울의 상황에 관해 우리에게 무엇을 말씀해 주고 있습니까?

1:13 ____________________

____

1:15 ____________________

____

1:16 ____________________

____

이러한 모든 심각한 문제들에도 불구하고 바울은 그것들 가운데서 어떤 유익을 발견할 수 있었습니다. 다음의 구절들을 보시고 이 어려움 속에서 바울이 보았던 유익을 찾아 보십시오 : (현대어로 번역된 성경을 보시면 도움이 되실 것입니다)

1:13 ____________________

____

1:14 ____________________

____

1:18 ____________________

바울은 단순히 어떤 어려움의 부정적인 면만을 보지 않고 그는 가장 바람직하지 않은 환경 속에서도 어떤 유익을 발견할 수 있었던 것 같습니다. 그는 우리 수많은 사람들이 그러는 것처럼 환경이 그의 감정을 지배하지 못하게 했습니다.

우리가 솔직히 말하자면 우리 모두는 일들이 "우리의 뜻대로" 되어갈 때에 훨씬 더 행복함을 느낍니다. 그리고 그렇게 사는 것이 훨씬 더 쉽습니다. 그러나 우리는 삶의 가장 어려운 것들은 우리의 지배 아래 있지 않다는 사실을 인식할 필요가 있습니다. 우리는 날씨나 교통이나 혹은 경제와 같은 것을 지배할 수 없습니다. 이상적인 환경에 그의 행복을 기대하는 사람은 거의 언제나 비참해질 것입니다.

Ⅱ. 사람들에도 불구하고 어떻게 기쁨을 얻는가 〈2장〉

바울은 또한 로마와 빌립보에서 "사람들 문제"를 갖고 있었습니다. 에바브로디도가 빌립보 교회로부터 관대한 사랑의 선물과 바울을 위한 교회의 좋은 소식을 가져왔을 때 그는 또한 교회 가족 안에 분열의 가능성이 있다는 나쁜 소식을 가져왔던 것입니다. 분명히 거기에는 교회의 연합을 위협하는 두 가지가 있었으니 그것은---거짓 교사와〈3:1-3〉 일치하지 않는 교인들이었습니다〈4:1-3〉.

2장에서 바울은 이러한 사람들에도 불구하고 영적인 기쁨을 갖는 비결을 우리에게 주고 있습니다. 그는 우리가 따라야 할 신성한 본보기로서 예수님을 보여줍니다. 다음의 구절들은 어떻게 사람들을 다루어야 한다고 우리에게 말씀하고 있습니까? (당신 자신의 말로 써 보십시오)

2:3 ____________________

____

2:4 ______________________________

____

2:14 ______________________________

____

Ⅲ. 가진 것이 없음에도 불구하고 어떻게 기쁨을 얻는가 〈3장〉

이 장에서 우리는 우리 그리스도인들의 기쁨으로부터 우리를 속일 수 있는 그러한 '것들'을 발견합니다. 수많은 그리스도인들이 이 '것들'에 휘말려 그들이 그리스도 안에서 반드시 가져야 할 기쁨을 잃어버립니다.

바울이 유익해 보이는 것을 위해 살아왔으나 실제로 그것이 그에게서 영적인 기쁨을 빼앗아 갈 뿐만이 아니라 하늘나라 본향마저 거의 도적질 해 갔던 것은 무엇이었습니까? <빌3:4-8>

____

____

우리는 너무도 흔히 "사람의 생명이 그 소유의 넉넉한 데 있지 아니하리라<눅12:15>는 예수님의 말씀을 잊어버립니다. 아직도 오늘날 대부분의 사람들은 진정한 기쁨이 직장이나 자동차, 집, 땅, 혹은 돈에서 온다고 믿고 있습니다.

Ⅳ. 그리스도인의 기쁨의 가장 큰 적 〈4장〉

만일 어떤 사람이 근심하거나 마음의 기쁨을 잃어버릴 이유가 있다면 그 사람은 바로 바울일 것입니다. 첫째로 빌립보에 있는 그리스도 안의 그의 형제들이 서로 일치하지 않고 또한 그는 그들을 돕기 위해서 거기에 있지 않았다고 하는 것입니다. 우리는 유오디아와 순두게가 무엇에 관해 다루고 있었는지 알 수 없지만

<4:2> 그것이 무엇이든 간에 그것은 빌립보 교회를 가르는 것이었습니다. 다음으로 로마에서는 바울의 환난을 더하게 하려고 시도하는 기독교인들이 있었다고 하는 것입니다. 그리고 마지막으로 바울 자신의 죽음의 가능성이 거기에 있었습니다. 그는 염려해야 할 모든 이유가 있었지만 그는 하지 않았습니다. 대신 그는 염려를 이긴 그의 승리를 설명하고 있습니다.

염려는 무엇입니까? ______________________________

____

염려는 그리스도인의 기쁨의 가장 큰 적입니다. 그것은 두통과 목의 통증, 위장병과 소화불량의 문제까지 가져옵니다.

바울은 4:6-9에서 염려를 벗어난 자유스러운 삶을 살 수 있는 세 가지 필수 요소를 주고 있습니다.

(1) 긍정적인 기도 <4:6-7>

우리가 그분이 모든 것들을 맡아 주실 것을 믿음으로 긍정적인 자세를 갖고 기도로써 주님께 모든 문제들을 가져갈 때 우리는 그것들에 관해 전혀 염려할 필요가 없는 것입니다.

4:6은 우리가 어떠한 종류의 것들에 관해 기도해야 한다고 말씀합니까?

____

(2) 긍정적인 생각 <4:8>

부정적인 생각은 부정적인 감정을 가져오며 머지않아 마음과 생각이 서로 당기어 찢어지고 그러므로 인해 우리는 염려로 질식되는 것입니다.

이 구절에서 바울은 기쁨에 찬 그리스도인이 생각해야할 것들을 열거하고 있습니다. 당신은 그것들이 모두 선하고 긍정적인 것들임을 아시게 될 것입니다. 아래에 열거된 것들은 그리스도인들이 그들의 마음을 그 위에 고정시켜야 할 것들입니다. 각 용어의 옆의 빈 칸에 그 반대되는 말들 즉 그리스도인들이 생각하지 말아야 할 것들을 기록하십시오.

생각할 것	생각하지 말 것
진리	______________________
정직	______________________
정결	______________________
칭찬할만 한 것	______________________
덕	______________________
칭송받을 가치가 있는 것	______________________

부정적인 생각은 불안과 우울함으로 인도하지만 긍정적인 생각은 평강과 승리로 인도합니다. 우리의 마음은 함께 나눌 때 우리 자신을 세우고 남을 세워줄 수 있는 이러한 것들에 고정시켜야 합니다.

(3) 긍정적인 삶 <4:9>

우리가 만일 염려를 극복하고 영적인 기쁨을 체험하려면 거기엔 반드시 긍정적인 삶이 있어야 합니다. 우리 머리 안에 있는 사실만으로는 충분하지 않습니다. 9절은 우리가 반드시 6-8의 말씀을 실행으로 옮겨 놓아야 한다고 우리에게 말씀하고 있습니다.

그리스도인의 기쁨은 문제들과 짐으로부터의 자유가 아니라 그러한 것들에도 불구하고 기뻐할 수 있는 능력입니다. 바울은 그가 감옥에 있음을 부인하거나 또는 다른 문제들이 있음을 부인하지 않았으며 단지 그는 이러한 문제들이 그의 마음 속에 그의 주님보다 더 크게 나타나는 것을 거부했던 것입니다.

당신은 '기쁨의 도둑' 인 염려가 실제로 어떤 것인지를 압니다. 실제로 염려는 심각한 육체적인 결과를 가져오며 또한 약이 증세를 제거할 수 있을지 몰라도 그것은 원인을 제거할 수는 없습니다. 염려는 내적인 문제입니다. 당신은 당신을 잠들게 하는 것을 살 수는 있지만 당신을 안식하게 하는 것은 살 수 없습니다. 당신이 빌립보서에 있는 원칙들을 실행에 옮겨 놓을 때 당신은 실제로 영적인 기쁨을 체험하실 것입니다.

제37주 골로새서

이 서신은 에베소서와 빌레몬서와 거의 같은 시기에 씌어졌습니다. 전해지는 말에 의하면 그것은 사도행전 28장에 기록된 바울의 로마에서의 투옥기간 동안 씌어졌다고 합니다. 바울이 골로새를 결코 방문한 적이 없기 때문에<골2:1> 골로새에 어떻게 그리스도인들이 생겨났는지를 우리는 알지 못하지만 몇몇 골로새인들이 바울이 에베소에 머무르던 3년의 기간 동안 그곳을 방문하여 그리스도를 알게 되었다고 믿어집니다.

이 서신을 기록한 주 목적은 골로새, 라오디게아 그리고 히에라볼리의 도시들에서 그리스도에 관해 가르쳐지던 잘못된 몇 가지 개념들을 수정하기 위한 것이었습니다<4:13>. 이 거짓 교리의 교사들은 보통 '영지주의자들' 이라고 불리웠습니다. '영지주의' 란 말은 헬라어로부터 온 것으로서 '하나님에 대하여 특별한 지식을 갖고 있음' 을 의미하고 있습니다.

영지주의자들은 모든 물질적인 것은 악하며 물질과 영과의 사이에 어떤 고정된 깊은 간격이 존재하고 있다고 믿었습니다. 이러한 거짓 개념 때문에 그들은 또한 참신은 우주를 창조하지 않았다고 주장했습니다. 어떤 이들은 그리스도께서 실제의 몸을 갖고 있지 않았으며 그것은 단지 실제처럼 보이는 것일 뿐이라고 가르쳤습니다. 그들의 강조점은 지혜와 지식에 있었으며 또한 육체를 멸시하는데 있었습니다.

영지주의 가르침을 실천하는 것은 한 사람에게 다른 이들이 소유하지 못한 특수한 "온전한 지식"을 주는 것으로 기대되어졌습니다. 영지주의자들은 그들의 가르침에서 흔히 '충만함'이란 말을 사용했습니다.

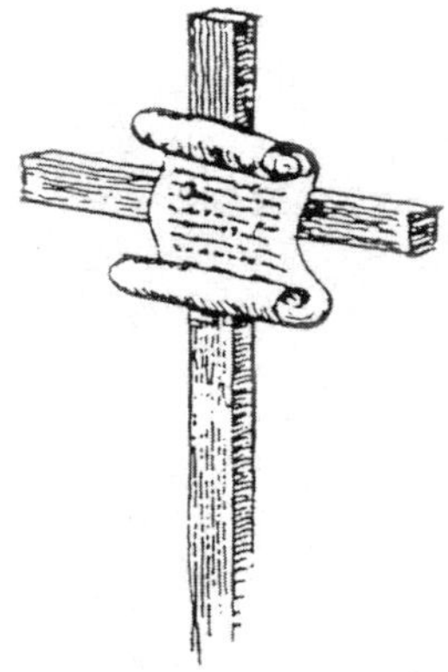

골로새서에서 바울은 그리스도의 탁월성을 강조했습니다. 그가 '충만함' '모든' 그리고 '가득차다'는 말들을 얼마나 자주 사용하고 있는가를 주목하는 것은 흥미로운 일입니다. 골로새서의 요절은 1:18입니다. 그것을 아래에 기록하십시오:

____

____

____

골로새서의 간략한 개요 :

Ⅰ. 그리스도의 탁월하심 < 1장 >

Ⅱ. 거짓 충만함 < 2장 >

Ⅲ. 참된 충만함 < 3장 >

Ⅳ. 골로새 교인들에게 주는 마지막 주의 < 4장 >

****

Ⅰ. 그리스도의 탁월하심 < 1장 >

영지주의자들은 하나님이 어떤 연속적인 영향력을 통하여 세상을 만들었다고 가르쳤는데 그것은 단순히 그들이 하나님으로부터 나온, 그러나 하나님보다는 못한 어떤 힘이나 존재가 우주를 창조했다고 믿었다는 것을 의미하는 것입니다. 그들은 그리스도가 이러한 영향력 중의 하나라고 믿었습니다. 이 장에서 바울은

■ 골로새서

1. 기록자 : 사도 바울
2. 기록연대 : A.D. 60~61년 사이
3. 기록장소 : 로마 감옥
4. 기록대상 : 골로새에 있는 기독교인들
5. 핵심어 및 내용 : 골로새서의 핵심어는 "지존성"과 "머리 되심"이다. 골로새서는 헛되고 세속적인 철학들 때문에 혼란스러워진 골로새 교회에 보낸 서신서이다. 따라서 그리스도께서는 그의 몸된 교회의 머리이실 뿐만 아니라 삶의 모든 영역에 있어서 최고의 위치에 있는 지존자이심이 강조되어지고 있다.

그리스도는 하나님으로부터 나온 어떤 영향력이 아니라 **하나님 자체**이심을 분명히 하고 있습니다.
15-18절 읽으시고 예수님의 독특하신 특징을 열거하세요

1.<1:15a> ____________________

2.<1:15b> ____________________

3.<1:16> ____________________

4.<1:17a> ____________________

5.<1:17b> ____________________

6.<1:18a> ____________________

7.<1:18b> ____________________

Ⅱ. 거짓 충만함 <2장>

바울은 이제 문제의 가장 중심부로 옵니다. 그는 거짓 교사들을 공격하고 그리스도께서 모든 필요에 충분하심을 분명히 하고 있습니다. 인간의 철학과 교리는 사람의 마음을 끕니다. 그것들은 지혜와 지성을 기초로 하여 나타나기 때문에 많은 젊은 그리스도인들이 이러한 교리야말로 그들에게 더욱 심오한 그리스도인의 삶을 제공해 줄 것이라고 믿도록 인도함을 받게 됩니다.

골로새의 교사들은 예수 그리스도는 유일한 분이 아니며 그들의 종교를 온전하게 하기 위해서는 그리스도에게 몇 가지를 더 첨가하는 것이 필요하다고 말했습니다. 아래 구절들 옆에 그들이 그리스도에게 첨가하기를 시도했던 것들을 열거 하십시오:

8절 ____________________

____

11절 ____________________

____

16절과 20-23절 ____________________

____

18절 ____________________

____

이 구절들로부터 골로새인들의 종교는 기독교와 영지주의와 유대교의 혼합임을 우리는 알 수 있습니다. 지성주의와 천문학은 영지주의로부터 왔으며 제도와 규칙은 유대교로부터 왔습니다. 이것이 모두 그리스도에 대한 그들의 믿음에 더하여졌는데 왜냐하면 그들은 그분이 충분치 않다고 느꼈기 때문이었습니다.

똑같은 일이 오늘날까지도 여전히 일어나고 있습니다. 오늘날 사람들이 구원을 받기 위하여 그리스도의 가르침에다 더하려고 시도하는 몇 가지를 열거하십시오.

1. ____________________
2. ____________________
3. ____________________

Ⅲ. 참된 충만함 < 3장 >

진정한 충만함을 체험하기 위해서 바울은 우리가 반드시 우리의 옛 본성을 벗어 버려야 한다고 우리에게 말씀합니다. 실제로 우리는 그것을 죽여야 한다고 그는 말씀합니다<3:5-9>. 그러나 그리스도 안에서 우리의 삶은 연속적인 "포기"들이 아닙니다. 어린이들은 인형들과 장난감들을 가지고 놀기를 포기하지 않습니다. 그들은 그것으로부터 자라는 것입니다. 같은 방법으로 우리가 예수님을 더욱 잘 알게 되어질수록 우리는 어떠한 것들이 더 이상 우리에게 흥미를 주지 못하는 것을 발견하게 됩니다.

어떤 가게에 새 옷을 사러 들어가는 여러분 자신을 상상해 보십시오. 당신이 입고 있는 옷을 벗지 않은 채 새 옷을 입으려고 하기를 당신이 고집합니다. 물론 새 옷은 적당하게 맞지 않을 것입니다. 그러나 그것이 많은 그리스도인들이 그들의 삶에 적용하기 원하는 것입니다. 그들은 그들의 옛 본성 위에다 새 그리스도인의 삶의 옷을 입으려고 시도합니다. 그것은 결코 맞지 않을 것입니다.

그리스도인이 되는 것은 우리의 옛 삶의 방법을 단호하게 깨뜨리는 것을 의미합니다. 3:8-9에서 바울은 만일 우리가 그리스도인이라면 더 이상 우리의 삶의 한 부분이 되지 말아야 할 몇 가지 것들을 매우 구체적으로 열거하고 있습니다. 그것들은 무엇입니까?

1.______________________	4.______________________
2.______________________	5.______________________
3.______________________	6.______________________

Ⅳ. 골로새 교인들에게 주는 마지막 주의 < 4장 >

바울은 골로새 교인들에게 보내는 그의 편지를 마치면서 그들에게 두 가지 중요한 그리스도인의 의무--즉 기도와 그리스도인의 증인되는 삶을 상기시켜 줍니다.

기도는 하나님의 임재를 인식하고 있음을 증거하는 것으로서 또한 다른 사람들이 어떻게 하나님과 관계를 맺고 있는가에 관해 한 사람의 영적 감수성에 힘을 부여해야 합니다. 그리스도인은 그리스도를 알지 못하는 사람들을 위한 염려를 나타냄이 없이 효율적이고 영적인 기도를 갖을 수 없습니다.

우리는 7-17절에서 몇 가지 개인적인 소식들을 발견합니다. 10절에서 바나바의 생질인 마가가 바울과 함께 있는 것을 봅니다.

이것은 다툼이 해결되었음을 암시해 줍니다. 다툼은 무엇이었으며 누가 관여된 것입니까? <사도행전 15:36-40을 참조하십시오>

바울과 함께 했던 다른 사람들 가운데에는 데마가 있었습니다<골4:14>. 데마는 바울의 동료들 가운데 바울이 골로새서에서 그에 관하여 한 마디로 말하지 않은 유일한 사람입니다. 이 침묵은 데마에 관한 바울의 의심과 두려움을 암시해 줍니다. 디모데후서 4:10에서 데마에 관하여 우리는 무엇을 발견합니까?

골로새서 4:16에서 바울은 골로새와 라오디게아에 있는 신자들에게 그들 각자의 서신들을 서로 나룰 것을 말씀합니다.

제38주 데살로니가전서

데살로니가전서와 후서의 주제는 그리스도의 재림입니다. 두 서신서의 주요 단어는 '강림' 입니다. 데살로니가전서에서 바울은 그리스도의 재림의 가까움과 급박함을 강조하고 있습니다. 그는 그들의 일상 업무와 그리스도인으로서의 증거와 봉사에 소홀해지고 게을러진 그리스도인들에게 쓰고 있습니다. 어떤 이들은 일을 그만두고 교회에 붙어 사는가 하면 다른 이들은 재림시에 이미 죽은 그들이 구원 받은 친척들에게 어떤 일이 일어날까 당혹하고 있었습니다.

데살로니가에서의 바울의 사역에 관한 기록은 사도행전 17:1-10에서 발견됩니다. 바울이 디모데와 실라와 함께 이 도시에서 머문 3주간 동안 그는 교회를 세웠을 뿐만 아니라 그 교회를 믿음으로 견고히 했던 것입니다. 그곳의 회당 안에서 많은 수의 이방인 개종자들이 있었음이 틀림없습니다. 이 많은 개종자들은 몇몇 유대인들과 함께 복음에 열정적으로 반응했습니다. 이것이 엄격한 유대인들을 분노하게 만들어 바울에게 그러한 반대를 일으킴으로 말미암아 그와 그의 동료들이 밤에 떠나야만 했던 것입니다. 바울은 베뢰아와 아덴 그리고 나서 고린도에 가 이 편지를 기록하여 디모데 편에 데살로니가로 그것을 보내었습니다.

데살로니가전서의 간략한 개요 :

Ⅰ. 교제의 비밀 <제 1 장>

Ⅱ. 충성된 종을 위한 격려 〈제 2-3 장〉

Ⅲ. 교회의 휴거 〈제 4 장〉

Ⅳ. 날짜를 정함의 위험성 〈제 5 장〉

****

Ⅰ. 교제의 비밀 〈제 1 장〉

이 바울의 처음 몇 구절들로부터 우리는 많은 것을 배울 수 있습니다. 그는 우리 많은 사람들이 소유하고 싶어지는 교제의 비밀을 알았습니다. 그는 사람들을 사랑했습니다. 성경은 잠언 18:24에서 우리에게 친구를 얻는 것의 비밀을 말해 주고 있습니다. 그것은 무엇입니까?

____

____

바울은 이 방법을 따랐으며 다른 이들이 한 모든 것에 감사를 표현함으로써 그의 사역에 있어서 그들을 언제나 인정했습니다.

바울은 2절에서 교제의 비밀에 관해 더욱 많은 것을 드러내고 있습니다. 그는 그의 새 개종자들 모두를 위해 기도했습니다. 그들은 수 많은 다른 도시들에서 살고 있었지만 그는 그들 모두를 위해 기도했습니다. 더욱이 그는 그가 그들을 위해 정규적으로 기도하고 있음을 그들에게 알게 했습니다. 당신이 친구들을 얻기 원한다면 당신이 그들, 특별히 새 개종자들을 위해 기도하고 있음을 그 사람들에게 알게 하십시오.

당신은 다른 이들을 위해 그들의 이름을 불러가며 기도하고 계십니까? 당신은 기도 대상자 명단을 갖고 계십니까? 당신은 교우

■ 데살로니가전서

1. 기록자 : 사도 바울
2. 기록연대 :
   A.D. 50~51년 사이
3. 기록장소 : 고린도
4. 기록대상 :
   데살로니가에 있는 기독교인들
5. 핵심어 및 내용 :
   데살로니가전서의 핵심어는 "견고함"과 "재림"이다. 사도 바울은 데살로니가 교인들에게 그들 희랍의 이교적인 배경에도 불구하고 신앙 안에서 흔들리지 말고 견고히 서라고 명령한다. 그리고 그리스도께서 곧 재림하실 것이라고 데살로니가 교인들이 기대하고 있었기 때문에 재림에 대한 올바른 견해들을 가르치고 있다. 그리스도가 언제 오실지는 아무도 모른다. 다만, 그분이 재림하시는 것은 확실한 사실이므로 성도들은 깨어서 근신하며 그리스도를 맞이할 준비를 하기만 하면 되는 것이다.

들과 새 개종자들을 위해 특별한 점을 놓고 기도하고 있으며 그것에 관해 그들이 알도록 하고 계십니까? 만일 당신이 타인에게 그리스도에 관해 말하는 것이 어려우시다면 그들에 관해 그리스도께 말씀하도록 해 보십시오. 머지않아 다른 이들에게 그분에 관해 말씀하는 것이 당신에게 훨씬 더 쉬워질 것입니다.

3-10절에서 바울은 주님께 대한 그들의 충성에 대해 교회를 칭찬하고 있습니다.

Ⅱ. 충성된 종을 위한 격려 <제 2-3 장>

데살로니가인들이 기독교 신앙을 받았을 때 그들은 심한 핍박 가운데 있게 되었습니다. 2장에서 바울은 그들에게 그리스도로 인하여 받는 그들의 핍박은 그들을 그리스도의 군대 안에서 가장 훌륭한 자들로 분류되도록 자격을 부여하는 것이라고 말함으로써 그들을 격려하고 있습니다.<2:14-15>

2:19에서 바울은 데살로니가인들을 향한 그의 깊은 애정을 나타내고 있습니다. 핍박과 환난의 기간을 통과하는 사람들에게 어떤 사람이 그들에 대해 깊은 관심을 갖고 있다는 것을 아는 것보다 더 도움을 줄 수 있는 것은 아무것도 없습니다. 이 절에서 바울은 신약에서 언급된 다섯 개의 면류관 중 하나를 말씀하고 있습니다. 이 면류관들은 단순히 "상급"을 말합니다. 성경은 모든 신자들이 그들 자신의 사역을 따라 상급을 받게 될 것이라고 가르치고 있습니다. 다음의 성경 구절들에서 언급된 면류관, 또는 상급의 종류들을 열거하십시오.

1.고린도전서 9:2, 24-27 ______________________________

2.데살로니가전서 2:19-20 ______________________________

3.디모데후서 4:5-8 ____________________

4.야고보서 1:12 ____________________

5.베드로전서 5:2-4 ____________________

고린도전서 3:11-15절에 의하면 그리스도인의 사역이 하나도 상급의 가치가 없다면 어떤 일이 일어납니까?

____

____

____

데살로니가전서 3:1-5에서 바울은 디모데를 데살로니가인들에게 보내는 이유를 제시하고 있습니다. 그것들은 무엇입니까?

1.<2절> ____________________
2.<2절> ____________________
3.<5절> ____________________
____

Ⅲ. 교회의 휴거 <제 4 장>

데살로니가의 수 많은 새 개종자들은 그리스도의 재림시에 이미 죽은 그리스도인들이 뒤로 남기워진 채 버림받지 않을까 당황하였습니다. 휴거에 관해 다음의 질문들에 대답하십시오.<4:13-18>

왜 바울은 데살로니가인들에게 주의 강림에 관해 말씀했습니까? <4:13>

____

그리스도께서 다시 오실 때 그분은 그분과 함께 누구를 데리고

오실 것입니까?<4:14>

누가 먼저 주님과 함께 갈 것입니까? 먼저 죽은 자들 입니까? 혹은 이 땅에 살아 있는 자들입니까? <4:16>

Ⅳ. 날짜를 정함의 위험성 <제 5 장>

바울은 주 예수의 재림에 관해 비 성서적인 예측들로 수세기에 걸쳐 수 많은 사람들을 미혹케 할 "괴짜들"이 나타날 것을 예견한 것이 확실합니다. 그리스도인들은 예수께서 오실 때에 불시에 들이닥치게 되지 않을 것입니다. 왜냐하면 우리는 항상 마치 예수께서 어느 때라도 오실 것처럼 살아야 하기 때문입니다. 반대로 구원받지 못한 세상은 빙산을 들이 받아 침몰한 "가라앉지 않는 배"인 타이탄호에 승선한 사람들처럼 거짓 안전 속에 살고 있습니다. 해안 경비원이 빙산에 대해 타이탄호에 라디오 송신을 보내어 그들을 경고했을 때 수신원이 "나를 귀찮게 하지 마시오! 난 너무 바쁘단 말이오!"라고 응답했습니다. 몇 분 후 타이탄호는 침몰하였습니다.

바울은 그리스도의 강림의 급박성에 대한 두 가지 예들을 제시하고 있습니다. 그것들은 무엇입니까?

1. 살전 5:2 ____________________

2. 살전 5:3 ____________________

성경은 그리스도의 재림에 대해 날짜를 고정시키지 말 것을 우리에게 경고하고 있습니다<마 24:36-44>. 주님께서 재림에 관한 말씀을 우리에게 하신 것은 그리스도인의 삶을 부지런히 살도록 우리를 격려하기 위함이지 우리가 날짜를 정하여 달력을 만들 수 있게 하게 위함이 아닙니다.

5:16-22에서 바울은 모든 그리스도인들이 주의 강림을 기다리면서 마땅히 해야 할 것들 여덟 가지를 언급하고 있습니다. 그것들을 아래에 열거하십시오.

1. 5:16 ____________________
2. 5:17 ____________________
3. 5:18 ____________________
4. 5:19 ____________________
5. 5:20 ____________________
6. 5:21a ____________________
7. 5:21b ____________________
8. 5:22 ____________________

5:26에 언급된 거룩한 입맞춤은 바울의 시대에 일상적인 인사였습니다. 우리 시대에 우리 나라에서 이와 대등한 것은 악수일 것입니다. 성경은 우리가 다정하고 친절해야 한다고 분명히 가르치고 있습니다. 모든 사람과 함께 악수를 나누는 다정한 사람만큼 교회의 온기를 더할 수 있는 것은 없을 것입니다. 그리고 다정한 악수가 빠진 것처럼 교회가 차갑고 죽은 것같이 보이게 할 수 있는 것은 없을 것입니다.

제39주 데살로니가후서

바울이 데살로니가로 보내는 이 두 번째 편지를 썼을 때 실라와 디모데는 그와 함께 있었습니다. 이 편지는 첫 번째 편지를 쓴지 단 몇 주 후에 쓰여진 것이라고 믿어집니다. 이 편지의 내용을 참고해 보면 데살로니가인들이 처음 편지를 받은 후 말로나 혹은 글로 바울에게 메시지를 보내었던 것이 나타납니다.

데살로니가인들은 바울의 첫 번 편지를 오해했습니다. 그의 강조점은 그리스도의 재림의 "긴박성"에 있었지만 그들은 그것을 "즉시로 옴"의 의미로 이해했습니다. 그러므로 그들은 어느 순간에나 있을 그리스도의 재림의 기대에 도취되어 있었던 것입니다.

바울의 가르침에 관한 이러한 오해는 교회 내에 새로운 문제들을 초래했습니다. 그들은 바울의 편지에서 그가 말하지 아니한 것들을 읽었으며 데살로니가후서에서 바울은 그것들을 강력히 부인했습니다 <살후 2:1-3>. 이 오해들을 풀어주는 것 외에 바울은 또한 핍박받고 낙심한 신자들을 고무시키고 격려하기 위해 편지를 썼습니다.

이 짧은 편지에서 우리는 놀라운 명확성을 갖으면서도 간소한 말들로써 진술된 그리스도의 재림의 훌륭한 교리를 보게 됩니다. 이 편지는 주 예수의 십자가 사건으로부터 단지 약 20년 후에 기록되었기 때문에 앞으로 전개되는 세대들이 규정하는 이 교리의 잘못된 이론들을 논파하고 있습니다.

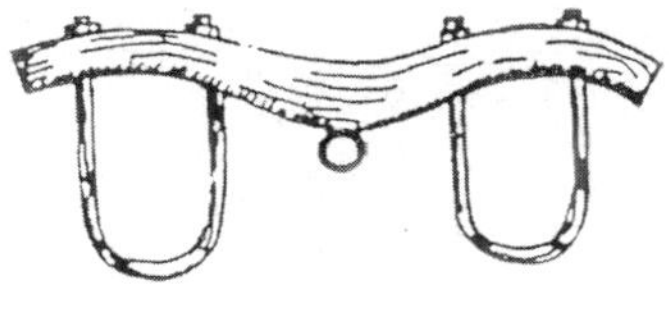

데살로니가후서의 간략한 개요 :

Ⅰ. 감사와 격려 <제 1 장>

Ⅱ. 불법의 사람과 그리스도의 재림 <제 2 장>

Ⅲ. 훈련된 삶을 위한 권고 <제 3 장>

****

Ⅰ. 감사와 격려 <제 1 장>

그의 통상의 인사 후 데살로니가인들의 삶 속에 하나님께서 어떠한 것들을 이루셨는가에 대한 진술을 합니다 <1:3>. 바울은 단지 기도만이 사태를 변화시키는 것이 아니라 칭찬도 그렇게 한다는 것을 발견했습니다.

1:3-4에서 바울은 어떠한 세 가지 것들에 대해 데살로니가인들을 칭찬했습니까?

1. 1:3 ______________________________
2. 1:3 ______________________________
3. 1:4 ______________________________

우리는 바울을 통해 우리가 항상 전적으로 동의하지 않는 사람을 어떻게 접근해야 하는가에 대해 어떠한 교훈을 배워야 합니까?

____

____

데살로니가의 그리스도인들은 분명히 극심한 시련과 핍박의 환난을 받고 있었습니다. 이 어려운 기간동안 그들을 안위하고 격려

■ **데살로니가후서**

1. 기록자 : 사도 바울
2. 기록연대 :
   A.D. 50~51년 사이
3. 기록장소 : 고린도
4. 기록대상 :
   데살로니가에 있는 기독교인들
5. 핵심어 및 내용 :
   데살로니가후서의 핵심어는 "핍박"과 "일"이다. 하나님의 말씀에 굴복하지 않는 율법주의적 유대인들이 새로 개종한 기독교인들을 핍박하였다. 이런 이유 때문에 사도 바울은 데살로니가 교인들에게 나태하거나 게으르지 말고 인내와 부지런함으로 열심히 일하라고 간청한다.

하기 위해서 바울은 그들에게 기억해야 할 몇 가지 것들을 말씀합니다.

첫째로 그는 이 환경을 견디는 것이 하나님 나라에 합당한 자로 여기심을 받게 할 것이라고 말합니다 <1:5>.

그리고 하나님께서 불경건한 자를 처리하실 것이라고 그는 말합니다. 하나님은 공의의 하나님이십니다. 그러므로 하나님의 백성들에게 환난을 주는 사람들과 하나님의 진리를 거부하는 사람들은 주님의 강림 때에 영원히 그리고 돌이킬 수 없는 형벌에 처해질 것입니다 <1:6-9>.

이 구절들<1:6-9>로부터 불신자의 미래를 묘사하기 위해 사용한 단어들을 열거하십시오.

1. 1:6 ______________________________

2. 1:8 ______________________________

3. 1:9 ______________________________

하나님께서 보응하실 때 그분은 같은 값으로 갚으십니다. 하나님은 악한 자들이 그의 백성을 핍박한 동일한 분량과 종류대로 그들을 벌하실 것입니다. 여기 몇가지 예가 있습니다.

---바로는 이스라엘의 어린 아이들을 물에 던져 죽였는데 그의 군사들에게는 어떤 일이 일어났습니까? <출 1:22, 14:27-28>

____

---하만은 모르드개를 나무에 달아 죽이기를 시작으로 유대인들을 모조리 처치할 모함을 꾸몄는데 하만의 운명은 어떻게 되었습니까? <에스더 7:10>

____

---다리오 왕의 모사들은 그에게 다니엘을 체포하도록 강요하여 그를 사자굴 속에 던져 넣었으나 후에 바로 그 모사들에게 어떠한 일이 일어났습니까? <다니엘 6:16a, 6:24>

____

이것은 모두 잠언 11:8에 있는 약속의 성취입니다. 이 구절을 여러분 자신의 말로 써보십시오.

____

____

사람은 그들이 심는 것을 거둡니다. 그것은 하나님의 법칙입니다!!!

이 불신자들에 대한 마지막 심판은 예수 그리스도께서 그의 교회와 그의 천사들과 함께 이 땅에 강림하실 때 일어날 것입니다. <살후 1:7-8>

Ⅱ. 불법의 사람과 그리스도의 재림 <제 2 장>

바울은 그의 첫 번 편지에서 설명했던 휴거에 대해 재 강조함으로써 이 장을 시작합니다 <살전 4:13-18>.

데살로니가 신자들은 바울의 편지를 그리스도의 날이 이미 이르렀다고 생각함으로 오해했습니다. 그러므로 이 장에서 바울은 이 잘못된 개념을 분명히 하기 위해 말씀을 시작합니다.

2:3에서 바울은 그 날이 오기 전에 어떠한 두 가지 사건이 일어나야 한다고 말합니까?

1. ____

2. ____

여기서 언급된 '불법의 사람'은 하나님의 자리를 차지하려 하며 하나님같이 숭배 받으려 하는 적그리스도입니다 <2:4>. 이 장의 나머지 부분은 모든 바울의 서신들 안에서 해석하기 가장 어려운 구절들입니다. 그는 우리가 잔존하는 기록을 갖고 있지 않은 것의 가르침에 대해 암시하고 있습니다. 그러므로 데살로니가에서 그의 독자들에게 이해될 수 있었던 것이 이제는 해석하기 매우 어렵게 된 것입니다.

그러나 몇 가지 기본적인 사실들은 분명합니다. 2:7에서 바울은 그 중에서 옮길 때까지 막고 있는 분에 대해 언급하고 있습니다. 이것은 하나님께서 악과 불법의 사람을 현재로써 저지하고 있음을 의미합니다. 하나님께서 이것을 어떻게 하시는가를 성경은 꼭 집어 말씀하고 있지는 않지만 때가 되면 이 저지하는 힘이 거두어지고 엄청난 악이 온 세상을 거머쥘 것입니다. 그리고 나서 그리스도의 재림을 통하여 궁극적인 승리가 올 것이며 그 때에 그분은 모든 악의 세력들을 영원히 멸망시킬 것입니다.

Ⅲ. 훈련된 삶을 위한 권고 <제 3 장>

문제가 해결되지 않을 때 그것은 마치 몸 안의 전염병처럼 자라서 더욱 악해질 것입니다. 지역 교회는 몸이며 육체의 몸에 대한 병균은 교회에 대한 문제를 말해주는 것입니다.

데살로니가 교회 안의 한 가지 문제는 어떤 그리스도인들이 주님의 재림에 대해 너무 열망함으로 말미암아 일하기를 그만두고 아직도 일하고 있는 그리스도인들 주위를 맴돌며 건들거리고 있는 것이었습니다. 이 문제에 대해 바울은 무엇이라 말했습니까? <살후 3:10>

____

____

성경은 게으름을 무서운 죄로 정죄하고 있으며 능력 있는 모든 사람은 일해야 하며 그렇지 않으면 죄 정함을 받아야 한다고 가르치고 있습니다. 언제나 일을 할 수 있지만 안하는 사람들은 3:11에 바울이 언급하고 있는 것처럼 바쁘게 다니며 일만 만드는 사람이 됩니다. '바쁜 몸' 이란 사실상 "다른 사람의 일에 관해 쓸데없이 참견하거나 떠들며 다니는 것"을 의미합니다. 자신의 일에 종사하지 않는 사람들은 언제나 다른 사람들의 일에 참견하게 됩니다.

3:13은 지금도 주님을 섬기려 하는 사람들에게 주는 진정한 격려입니다. 그들은 일하기를 거부하는 부주의한 성도들의 행동에 의해 낙심해 있었습니다. 그들은 많은 사람들이 일을 그만 두었을 때 왜 그들이 일하기를 계속해야 하는지 의아해 하였습니다.

그리스도인의 삶 안에서 짓는 죄는 교회의 나머지 사람들에게 영향을 끼칩니다. 소수의 나쁜 본보기는 교회의 나머지 사람들의 헌신을 망치며 그들의 봉사를 가로막을 수 있는 것입니다.

바울은 그의 친필 서명과 은혜의 축도로 이 편지를 마칩니다.

제40주 디모데전서

디모데전서는 "목회서신" 중 첫 번째 것입니다. 다른 두 권은 디모데후서와 디도서입니다.

(때로는 빌레몬서도 역시 "목회서신"이라고 불리웁니다)

이 목회 서신들은 교회 자체들 대신에 교회의 목회자들에게 씌어졌습니다. 그러므로 그 편지들은 개인적이고 실제적이며 교회의 목회 사역을 다루는 것입니다.

디모데는 바울이 루스드라에서 처음 만난 그의 사랑하는 동반자요 조력자이며 <행 16:1-3>. 후에는 믿음 안에서 아들로 간주되었습니다. 그는 바울의 선교여행과 로마에서의 투옥 기간 동안 그와 함께 있었습니다 <골 1:1>. 디모데는 바울에 의해 몇몇 중요한 선교지로 보냄을 받았습니다 <살전 3:1-6, 고전 4:17, 빌 2:19>.

디모데의 아버지는 헬라인이었으나 그의 어머니는 유니게와 그의 외조모 로이스는 유대인이었습니다. 그는 성경을 배우며 자랐습니다<딤후 1:5>. 바울 밑에서 수년간 훈련을 받은 후 디모데는 에베소에 있는 중요한 교회의 책임을 맡아 남게 되었습니다. 바울이 디모데에게 그의 두 편지를 쓴 것은 디모데가 에베소에서 목회자가 된지 얼마 후의 일입니다.

바울은 곧 에베소에 방문할 계획을 갖고 있었으나<딤전 3:14> 상황이 매우 급해 졌으므로 그는 교회 안의 문제들에 관해 젊은 디모데에게 편지를 써서 충고해야 하겠다고 결심했던 것입니다. 이 편지는 디모데 뿐만 아니라 교회 문제들에 관해 낙심하게 된 모든 기독교 사역자들을 위하여 가득한 격려를 담고 있습니다.

디모데전서의 간략한 개요 :

Ⅰ. 젊은 디모데에게 주는 명령 〈제 1 장〉

Ⅱ. 교회를 위한 지시 〈제 2-3 장〉

Ⅲ. 교회 지도자들에게 주는 지시 〈제 4-6 장〉

****

Ⅰ. 젊은 디모데에게 주는 명령 〈제 1 장〉

제 1 세기 교회 안에서 조차도 바울은 젊은 디모데에게 거짓 교훈에 관해 경고해야 했습니다.

1:4에서 바울은 디모데에게 어떠한 실제적인 충고를 주고 있으며 그것을 오늘날 우리들에게 어떻게 적용할 수 있습니까?

____

____

____

그러나 디모데에게 주는 바울의 명령은 건전한 교리에 대한 요구보다 더욱 많은 것을 포함하고 있습니다. 그는 또한 일관된 그리스도인의 삶에 관한 명령을 주고 있습니다. 바울은 한 개인이 하나님의 말씀을 실제로 믿으면서도 그 진리와는 거리가 먼 삶을 살 수 있다고 말합니다. 교회의 신자들의 믿음과 삶이 180도 떨어져 있다는 것은 교회에 치명적인 것입니다.

■ **디모데전서**

1. 기록자 : 사도 바울
2. 기록연대 : A.D. 62~64년 사이
3. 기록장소 : 마게도냐의 빌립보에서 기록했을 가능성이 높다.
4. 기록대상 : 디모데
5. 핵심어 및 내용 : 디모데전서의 핵심어는 "교리"와 "자격"이다. 사도 바울은 디모데에게 하나님의 진리 안에 거하며 다른 헛된 교리들을 따르지 말라고 권면한다. 이러한 하나님의 말씀을 따르는 구체적인 예로 하나님이 원하시는 교회 지도자의 자격을 자세하게 열거하고 있다.

이 편지에서 바울은 거짓 교리를 쳐부수는 가장 좋은 길은 하나님의 말씀 안에서 세운 표준을 따라 사는 삶이라고 선언합니다. 당신의 삶이야 말로 수많은 사람들이 읽게 될 유일한 복음서임을 기억하십시오. 우리의 삶은 사람들을 그리스도께로 이끌든지 아니면 그들을 멀리 몰아낼 것입니다.

1:12-16에서 바울은 그 자신의 변화된 체험 중 어떠한 네 가지 두드러진 면을 강조하고 있습니까?

1.<13절> ______________________________

____

2.<14절> ______________________________

____

3.<15절> ______________________________

____

4.<16절> ______________________________

____

Ⅱ. 교회를 위한 지시 <제 2-3 장>

2장의 시작에서 바울은 우리에게 누구를 위하여 기도하라고 권면합니까?<2:1-2>

____

____

2:5에서 바울은 어떠한 중요한 진리를 표현하고 있으며 그것은 오늘날 그리스도인으로서 우리에게 어떻게 영향을 미칩니까?

____

____

2장 9-15절은 그 역사적인 배경으로 말미암아 적절히 해석될 수 없습니다. 그것은 두 가지 배경이 존재하는 기간동안에 씌어졌습니다. 첫째로 거기에는 여자와 노예와 어린 아이들이 모두 함께 한 등급으로 속하는 유대인 배경이 있었습니다. 여자는 사람으로 간주되지 않았으며 "물건"으로 간주되었습니다. 여자는 완전히 그녀의 아버지나 또는 남편에 의해 마음대로 처리되었습니다. 공중 앞에서 말하는 여자는 품행이 나쁜 것으로 간주되었으며 어느 남자가 여자에게 말하는 것이 발견되면 그 여인은 지옥에 떨어질 위험이 있다고 생각되었습니다.

그리고 거기에는 또한 헬라의 배경이 있었습니다. 헬라종교에서 여인의 위치는 가장 낮은 것이었습니다. 고린도의 신전에는 일천 명의 여제들이 있었는데 그들은 매일 저녁 길에 걸어다니며 몸파는 일을 하는 신전의 창기들에 지나지 않았습니다. 신분이 높은 헬라 여인은 결코 혼자 길을 다니거나 결코 공중 앞에서 말하지 않는 감금된 삶을 살았습니다.

결과적으로 한 여인이 초대교회의 사역에 있어서 어떤 활동적인 부분을 맡으면 그것은 부도덕한 여인들을 위한 안식처로써의 명성을 얻게 되었던 것입니다. 이러한 배경을 알면 2:9-15에서 바울에 의해 언급된 규정이 엄격히 실시되어야 했음이 분명합니다. 그렇지 않으면 그 사회는 교회를 의로운 기관으로 간주하지 않았을 것입니다. 그러나 이러한 배경을 가지고서도 여인들은 신약시대의 교회 내에서 매우 활동적이었습니다<행18:26, 고전11:5, 딛2:3-4>. 또한 사도행전 21:9에 의하면 전도자 빌립에게는 여선지자들인 네 명의 딸들이 있었습니다. 그러므로 바울은 초대 교회에서 여인들은 아무런 할 일이 없다고 가르치려는 것이 결코 아니었고 단지 남자들이 주도권을 잡도록 하려 했던 것입니다.

딤전 3:1-13에 의하면 아래의 분야에서 집사의 자격요건은 무엇입니까?

1.성품<2절> ______________________________

____

2.가정생활<4-5절> ______________________________

____

3.그리스도인의연륜<6절> ______________________________

____

4.일반적인 평판<7절> ______________________________

____

5.능력<12절> ______________________________

Ⅲ. 교회 지도자들에게 주는 지시 <제 4-6 장>

4장의 시작에서 바울은 디모데에게 장차 올 이단에 대해 경고합니다. 그는 어떤 이들이 거룩하기 위해서는 너희가 결혼하지 말아야 하며 어떤 음식들은 반드시 멀리해야 한다고 가르칠 것이라고 말합니다. 그러나 바울은 하나님께서 우리의 유익을 위해 우리에게 주신 것들을 금하지 말아야 한다고 계속하여 말하고 있습니다.

그리고 나서 바울은 젊은 디모데에게 말(문자적인 의미는 "삶의 방법")에 있어서 권면(혹은 설교)에 있어서, 그리고 교회에 있어서 충성되라고 말합니다<4:12-16>.

5장과 6장은 여러 종류의 사람들에 대한 교회의 사역을 다룹니다.

먼저 연로한 성도, 혹은 노인들이 언급되고 있습니다. 바울은 디모데에게 온유하고 공손하게 그들을 대하라고 말씀합니다<5:1-

2>. 그리고 나서 바울은 과부를 향한 교회의 의무를 계속해서 기술합니다. 과부들은 초대 교회시대에 특별한 필요를 갖고 있었습니다. 우리는 이 사실을 사도행전 6장에서와 같이 일찍이 볼 수 있으며 그것은 첫 번 집사들을 뽑는 결과를 초래했던 것입니다. 교회로부터 도움을 받기 위해서 그들은 60세나 그 이상이 되어야 했으며 아무도 그들을 돌보는 사람이 없어야 했습니다. 바울은 젊은 과부들은 교회로부터 도움을 바라기보다는 다시 결혼하도록 격려했습니다<5:1-4>. 이 이유는 명백합니다. 젊은 과부들이 교회로부터 오랜 세월의 보조를 요구할 것이므로 교회는 곧 지나친 부담을 갖게 될 것이기 때문이었습니다.

6:5-10에서 바울은 '당신이 만일 하나님의 뜻 안에 있다면 당신은 돈을 많이 벌게 될 것이라'는 거짓교사들에 대해 경고합니다. 9절에서 바울은 부하고자 하는 것을 우선으로 두는 사람은 유혹에 빠질 것이며 그들의 그리스도인으로서의 증거를 잃게 될 것이라고 말합니다. 그들의 바로 그 욕심이 그들을 파멸로 이끌어 갈 것입니다.

6장 10절은 아마도 디모데전서에서 가장 유명하면서 가장 잘못 인용되는 구절입니다. 성경은 돈이 모든 악의 뿌리라고 가르치고 있는 것이 아니라 "돈을 사랑함이 모든 악의 뿌리"라고 말씀하는 것입니다.

어떻게 돈을 사랑하는 것이 모든 악의 뿌리가 됩니까?

____

____

바울은 디모데에게 부탁한 것들을 지킬 것을 그에게 간청함으로써 이 편지를 마칩니다<6:20-21>.

제41주 디모데후서

바울의 편지들은 신약에서 연대적인 순서대로 배열되지 않았습니다. 그러므로 디모데후서가 신약에서 바울의 편지들 중 마지막 것이 아닐지라도 그것은 바울이 쓴 마지막 편지였으며 그러므로 인해 가장 감동적인 것입니다. 그리스도를 위한 일생의 봉사와 희생 후에 바울은 다시 감옥에 갇혔고 죽음은 눈 앞에 다가왔습니다. 우리는 이 편지에서 바울의 마지막 날들은 육체적인 안락함이 없이 보냈던 것을 알 수 있습니다.

우리는 바울의 두 번째 투옥생활의 세부적인 내용을 알지 못하지만 우리는 역사를 통해서 로마 황제 네로가 그리스도인들을 대하여 무서운 핍박을 시작했던 것을 알고 있습니다. 바울의 이 두 번째 투옥생활은 재판을 기다리는 고소당한 시민처럼 자기의 셋집에 거하던 첫 번째 것<행28:30>과는 아주 다른 것이었습니다. 이제 바울은 춥고 더러운 로마의 감옥에 갇힌 미움 받는 죄수였습니다. 분명히 바울의 붙잡힘은 급작스러운 것이었기 때문에 그는 그의 귀중한 책들과 가죽 종이에 쓴 것들을 거둘 시간이 없었으며 또한 따뜻한 겉옷을 가져갈 시간이 없었습니다<딤후4:13>.

우리가 이 바울의 편지를 읽을 때 어떤 처형을 기다리고 있는 그의 외로움을 느낄 수 있습니다. 바울은 "오직 누가만 나와 함께 있느니라<4:11>"고 말하면서 그의 믿음의 아들인 디모데가 가능한 한 속히 와 주기를 부탁했습니다.

디모데후서의 간략한 개요:

Ⅰ. 디모데에게 주는 바울의 권면 <제 1 장>

Ⅱ. 디모데에게 주는 바울의 충고 <제 2 장>

Ⅲ. 말세에 대한 바울의 예언 <제 3 장>

Ⅳ. 바울의 마지막 날 <제 4 장>

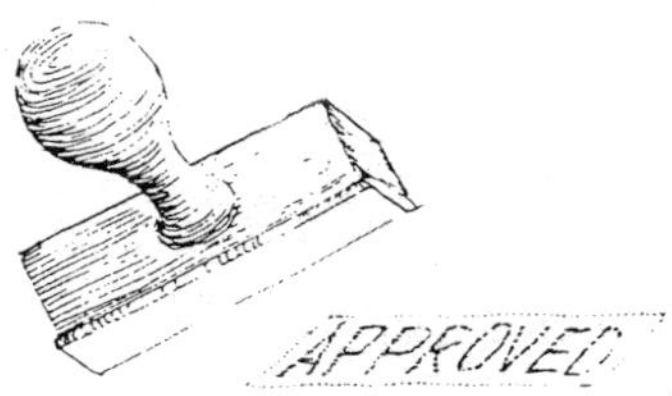

****

Ⅰ. 디모데에게 주는 바울의 권면 <제 1 장>

이 서신을 쓰는 바울의 목적은 디모데를 고무시키고 격려하기 위함이었습니다. 디모데는 젊었으며 초대 교회에 침투한 이단아들과 싸워야 하는 어려운 임무를 그 앞에 갖고 있습니다.

바울은 먼저 디모데에게 그를 향한 바울 자신의 확신을 상기시키고 있습니다<1:1-6>. 어떤 사람이 실제로 우리를 믿어 준다는 것을 아는 것보다 더 격려가 되는 것은 없을 것입니다. 우리를 사랑하는 사람을 실망시키지 않기 위하여 우리는 할 수 있는 모든 것을 할 것입니다.

두 번째로 바울은 성령님께서 우리에게 주시는 성품에 대해 상기시켜 줍니다. 그것들은 어떠한 것들입니까?<1:7>

1.____________ 2.____________ 3.____________

바울은 그 자신의 경험으로부터 디모데에게 어떻게 담대함을 가질 수 있는지 알려줍니다. 어떠한 긍정적인 기독교의 진리가 바울의 감옥 안에서의 마지막 날들 동안 그를 붙들어 주고 격려해 주었습니까?

____

■ **디모데후서**

1. 기록자 : 사도 바울
2. 기록연대 : A.D. 66~67년 사이
3. 기록장소 : 아마도 로마 감옥에서 기록했을 것이다.
4. 기록대상 : 디모데
5. 핵심어 및 내용 : 디모데후서의 핵심어는 "인내"와 "가르침"이다. 바울은 자신이 감옥에 갇혀 있는 동안에도 강건하게 지내는 것처럼 예수 그리스도의 선한 군사로서 디모데에게 닥칠 모든 시련들을 잘 견디라고 권면한다. 그는 또한 디모데에게 청년의 정욕을 피하고 믿음과 의로운 가운데에서 생활하라고 훈계한다. 뿐만 아니라 바울은 디모데에게 이 다음에 다른 사람들을 마찬가지로 가르치게 될 신실한 자들에게 하나님의 말씀을 가르치라고 명령한다.

바울은 주 안에서의 그의 개인적인 확신을 젊은 디모데와 함께 나누었습니다. 그는 "내가 의뢰한 자를 내가 알고"라고 말함으로써 그리스도께서 그와 그의 영혼을 지켜주심을 그가 신뢰하고 있다는 것을 보여 주었습니다. 어떤 이에게는 마치 바울이 그의 사역 도중에 제함을 받은 것처럼 보일는지 모릅니다. 어떤 이에게는 마치 바울이 그의 충성스런 복음 전파의 댓가로 받은 것이 단지 차가운 감옥과 로마의 칼 뿐인 것처럼 보일는지 모릅니다. 그러나 바울은 그의 삶을 하나님께 맡겼으며 그는 삶과 죽음에 있어서 그가 선한 손길 안에 있음을 확신했습니다.

Ⅱ. 디모데에게 주는 바울의 충고 <제 2 장>

그리스도인이 되기 위하여는 어떠한 댓가를 치루어야 하며 이것을 바울보다 더 잘 아는 사람은 없었습니다. 아래의 구절들은 그리스도인의 삶을 사는 것에 관하여 우리들에게 무엇을 가르쳐 주고 있습니까?

2:3 ______

2:4 ______

2:5 ______

2:11-13 ______

디모데후서의 요절은 이 장에서 나옵니다. 그것은 누구나 동료 그리스도인에게 줄 수 있는 최상의 충고입니다: "네가 진리의 말씀을 옳게 분변하며 부끄러울 것이 없는 일군으로 인정된 자로 자신을 하나님께 드리기를 힘쓰라"<2:15> 이것은 명령이요 제안이 아닙니다.

모든 그리스도인들은 성경을 실제적인 **하나님의 말씀**으로써 대하는 마음가짐을 배양해야 합니다. 그것은 단지 거룩한 책만이 될 수는 없습니다. 그것은 당신의 도덕적, 영적 삶이 수 놓여진 바로 그 자체가 되어야 합니다. 그것은 하나님의 말씀이며 그것은 반드시 그렇게 취급되어져야 합니다.

수많은 그리스도인의 삶이 영적 영양실조에 의하여 파괴되었습니다. 이것은 성경연구의 결핍 때문입니다. 당신이 만일 정규적으로 성경읽기를 실패한다면 당신은 승리적인 그리스도인의 삶을 살 수 없을 것입니다.

디모데는 그의 시대의 거짓 교리들에 의해서 곁길로 빠지거나 속임을 당하는 것으로부터 자신을 지키기 위하여 굳건한 결의와 인도가 필요했습니다. 아래의 구절에서 경험 많은 바울은 젊은 디모데가 피해야 할 어떤 두 가지 것들을 경고하고 있습니까?

2:16 ______________________________

____

2:23 ______________________________

____

Ⅲ. 말세에 대한 바울의 예언 <제 3 장>

이 장에서 바울은 그리스도의 재림에 때가 가까워 올수록 악이 극심해 질 것을 경고하고 있습니다. 3:1-5에서 말세에 사람들이 갖게 될 10가지 성격들을 찾아 보십시오:

1.______________ 6.______________

2.______________ 7.______________

3.______________ 8.______________

4.______________ 9.______________

5.________________ 10.________________

(유대의 구전에 따르면 3:8절에 언급된 얀네와 얌브레는 출애굽기 7장에 나오는 바로의 술사들의 이름이었습니다.)

3:16절은 성경은 영감으로 된 하나님의 말씀이며 구원의 길을 보여주기 위해서 만이 아닌 그리스도인들이 어떻게 살아야 하는가를 알게 하도록 영감으로 기록된 것임을 나타내 주고 있습니다. 16절에서 아래에 열거된 말이나 구절과 가장 잘 들어맞는 말이나 구절을 찾아 보십시오.

가르침 ________________

깨닫게 함 ________________

잘못을 꾸짖음 ________________

인도 ________________

Ⅳ. 바울의 마지막 날 <제 4 장>

이 글을 쓰고 난지 얼마 안 되어 바울은 그리스도로 인하여 처형되었습니다. 이 구절들은 그의 사랑하는 친구 디모데에게 주는 그의 마지막 부탁이었습니다. 4:2-5에서 바울은 디모데에게 일곱 가지의 것들을 할 것을 권면했는데 그 중 첫째는 '말씀을 전파하는 것' 이었습니다. 다른 여섯 가지를 적으십시오.

1.________________ 4.________________

2.________________ 5.________________

3.________________ 6.________________

바울은 이제 떠나야 했으며 누군가가 그의 자리를 대신해야 했습니다. 그 누군가는 분명히 젊은 디모데였으며 바울은 그의 앞에 놓여있는 사역을 위하여 그를 준비시키기 원했습니다.

우리 모두는 이제 머지 않은 장래에 우리 교회의 젊은이들이 지도자들이 될 것이라는 사실을 기억해야 합니다. 그러므로 우리는 그들이 확실히 준비되도록 할 수 있는 모든 것을 해야만 합니다.

4:7-8에서 바울은 그가 영원을 직면함에 있어서 조금도 후회가 없음을 볼 수 있습니다. 그는 하나님의 뜻을 발견했으며 또한 그것에 충성하였기 때문에 준비가 되었던 것입니다. 영혼을 잃어 버리는 것 다음으로 삶의 가장 큰 비극은 삶의 마지막에 와서 영원을 직면하면서 우리가 하나님의 뜻을 놓치고 우리의 일생을 순간적인 것들에 낭비해 버린 사실을 발견하게 되는 것일 것입니다.

바울은 브리스가와 아굴라와 같은 가까운 동료들에게 기도와 함께 마지막 작별의 인사를 함으로써 디모데후서를 마칩니다.

■ 성경 신약여행 심층점검

탁월한 스승과 순종의 제자 - 바울과 디모데

- 디모데를 통한 우리의 자세를 돌아 봅시다. (*디모데 뜻-"하나님을 경외함")

신약성경에 나타난 대다수 인물들은 자신의 생애 중에 예수를 믿게 되어 그들이 기독교 신앙의 1세들이 되었습니다. 그러나 디모데는 그 어머니의 믿음의 영향을 받고 자라는 사람이었습니다. 그리고 믿음의 2세인 디모데가 위대한 스승 바울을 만났습니다. 바울에 의해 주의 일꾼으로 훈련을 받았습니다. 말하자면 바울은 성경의 인물들 가운데 가장 신앙교육을 잘 받은 사람, 가장 주의 종의 훈련을 잘 받은 사람이라고 할 수 있습니다.

1. 디모데의 어린 시절과 가족

행16:1과 딤후1:5에 보면 "디모데는 루스드라에서 자랐다. 아버지는 헬라인이고 어머니는 경건한 그리스도인이었다. 어머니의 이름은 유니게이고 외조모의 이름은 로이스였다. 외조모 역시 경건한 그리스도인"이었다고 기록하고 있습니다. 디모데는 그 어머니와 외할머니에 의해 어려서부터 믿음을 가지게 되었을 뿐 아니라 딤후3:15에서 바울이 "성경은 능히 너로 하여금 그리스도 예수 안에 있는 믿음으로 말미암아 구원에 이르는 지혜가 있게 하느니라"고 권면한 것으로 보아 디모데는 이미 어려서부터 어머니와 외할머니에 의해 성경을 배우고 자랐을 것으로 볼 수 있습니다.

2. 바울과 디모데의 만남과 신앙적 부자관계

딤후16:3과 행14장을 보면 1차 전도여행시 루스드라를 여행하게 되는데 그때 바울은 디모데를 인상 깊게 보았을 것입니다. 그리고 행16장에 2차 전도여행시 다시 루스드라에 들렀을 때 믿음이 많이 자랐고 성경을 공부하여 믿음 가운데 굳게 서 있고, 많은 그리스도인들에게 칭찬받는 모습을 보게 되었습니다. 그래서 바울은 디모데를 자기 제자로 받아들이고 본격적인 주의 종으로서 훈련을 받게 한 것입니다. 바울은 디모데에게 편지 쓰면서 '아들'이라고 부르는 대목이 여러 곳에 나타나는데 (딤전1:12, 18. 딤후1:2 등) 이것은 바울이 디모데를 제자 이상의 아들로 사랑하고 있음을 알수있습니다. 아들은 자기의 모든 것을 다 상속해 주고 싶은 사람입니다. 그래서 바울은 진심으로 디모데를 위했고, 자기가 줄 수 있는 모든 것을 다 쏟으면서 가르치고 훈련했습니다. 자기 대를 이어 주의 일꾼으로 세우기 위해서였습니다.

3. 디모데가 바울부터 받은 훈련과 사랑

1) 바울이 디모데에게 할례를 베풀다

행16:3에 보면 이방인에게 할례를 강요하지 말 것을 권면한 바울이 디모데에게 할례를 베풀었다고 기록되어 있습니다. 그것은 그의 소신을 꺾은 것이 아니라 훗날 디모데가 자기 민족 유대인들에게 복음을 전하고 그들을 대상으로 목회를 할 때 불필요한 문제 때문에 어려움을 겪지 않도록 해 주기 위한 바울의 따뜻한 배려로 볼 수 있습니다.

2) 바울에게 집중적 관심과 지도를 받았다.

바울은 디모데와 함께 있을때에는 물론 선교로 떨어져 있어도 디모데에게 2차례 이상 장문의 개인적인 편지를 써서 그를 지도하고 있음을 볼 수 있습니다. 핵심적인 지도내용을 보면 딤전4:16에서 디모데에게 젊은 사역자로서 믿는 자에게 본이 되라는 것과 딤후1:6-7에서 고난을 피하지 말고 고난을 받으며 사역에 헌신하라고 가르치고 있습니다.

3) 디모데가 바울의 사역에 동참했다.

행16:4-5에 바울은 루스드라를 떠나 갈라디아를 거쳐 유럽 지역으로 2차 선교여행을 하는 동안 늘 디모데를 동행시켰습니다. 살전1:1, 살후1:1에서 바울은 고린도에 머물면서 데살로니가 교회에 편지를 하고 있는데 이 때 디모데가 바울 곁에서 바울을 도왔다는 것을 알 수 있습니다. 빌2:19는 바울은 로마 감옥에 갇혀 있는 동안에 디모데와 함께 있었다고 기록합니다. 바울의 세계 선교 사역의 초창기부터 바울이 한참 선교 사역의 열매를 거둘 때, 그리고 로마 감옥에서 마지막 사역을 정리할 때 늘 디모데는 그의 곁에서 동역했다는 것은 디모데가 바울을 통해 구체적인 사역의 현장에서 목회자로서의 훈련을 철저하게 받았다는 것을 반증하는 것이지죠.

4. 훈련이 후 디모데의 사역과 헌신

딤전4:14에서 디모데는 목회자로 안수 받으므로 공식적인 주의 일꾼으로 훈련받고 파송받았습니다. 고전4:14에서 디모데는 바울에 의해 고린도 교회에 가서 문제를 해결했고, 나아가 그 교회를 목회했을 뿐 아니라 에베소 교회에도 파송을 받아 긴 시간 목회를 했다고 기록하고 있습니다. 딤후4:10에서 디모데는 다른 사람과 달리 끝까지 믿을 수 있는 사람이었다고 바울은 말합니다. 많은 제자들이 도중하차 했지만 디모데만은 끝까지 주를 위해 헌신한 사람이었습니다. 디모데는 훌륭한 목회자 바울을 만나 잘 훈련받고 파송받아 사역을 성실히 잘 감당했습니다. 바울이 순교한 이후 바울의 뒤를 이어 당시 여러 교회들을 돌보고 발전시키는 일에 전력을 다했습니다. 디모데는 성품이 부끄러움을 잘 타고 자신을 크게 드러내지 않았기 때문에 초대 교회 문헌에 많이 부각되지는 않지만 바울이 남긴 서신에 나타난 것으로 보아 그가 끝까지 변함없이 헌신했을 것으로 보입니다.

말씀과 함께 묵상해 볼 일

1. 디모데의 성장 과정이 우리에게 교훈하는 것은 무엇일까요?

____

____

2. 디모데의 사역의 특징은 무엇인가요?

____

____

3. 디모데와 같은 제자나 영적 아들이 되려면 신앙공동체안에서 먼저 어떤 마음의 자세가 필요할까요?

____

____

제42주 디도서, 빌레몬서

(1) 디도서

이 편지는 바울에 의해서 디모데에게 보내는 두 편지들 사이에 씌어졌습니다. 그것은 그레데에서 교회를 책임지고 있던 디도에게 씌어진 또 다른 목회 서신입니다. 디모데와 같이 디도는 바울의 믿음의 아들 중 하나였습니다. 우리는 디도에 관하여 거의 아는 것이 없습니다: 그는 사도행전에서 전혀 언급되어 있지 않습니다.

바울은 교회들을 재조직하기 위하여 디도를 그레데에 남겨두었으며<딛 1:5> 그와 함께 있을 수 없었기 때문에 바울은 디도를 격려하고 가르치기 위하여 편지를 썼던 것입니다. 이 글을 쓸 때쯤은 디도는 이미 수년간 바울의 동역자였었습니다. 그가 사도행전에 언급되어 있지 않음에도 불구하고 디도는 제 3 차 선교여행 동안 바울과 함께 있었습니다<고후 2:13, 7:5-16>. 그는 고린도 교회에서 사역자로 섬겼으며 또한 마게도니아에서 예루살렘의 궁핍한 그리스도인들에게 보내어질 헌금을 수집하는 것을 도왔습니다.

블레셋인의 동족인 그레데 사람들은 몹시 나쁜 평판을 갖고 있었습니다. 디도서1:12에서 바울은 그들의 세 가지 잘 알려진 특성들을 언급하고 있습니다.

이것들을 아래에 기록하십시오:

1.__________ 2.__________ 3.__________

이러한 그레데인들의 배경 때문에 바울은 이 편지에서 선한 일을 강조하고 있습니다. 그레데 그리스도인들은 그들의 행동에 대해 부주의했던 것이 나타납니다. 그들 중 어떤 이들은 그들이 은혜로 구원을 받았기 때문에 그들이 반드시 경건한 태도로 살아야 할 필요가 없다는 생각을 갖게 되었습니다. 이 짧은 편지에서 바울은 여섯 번씩이나 그들에게 선한 일을 나타내 보일 것을 권면하고 있습니다. 다른 목회 서신들은 건전한 교리를 강조하고 있지만 디도서는 선한 행위를 강조하고 있습니다.

디도서의 간략한 개요 :

Ⅰ. 교회 지도자들을 위한 자격 〈제 1 장〉

Ⅱ. 올바른 그리스도인의 행동 〈제 2 장〉

Ⅲ. 올바른 그리스도인의 윤리 〈제 3 장〉

****

Ⅰ. 교회 지도자들을 위한 자격 〈제 1 장〉

그레데에서 디도는 질서를 잡아야 했고 각 도시에서 장로들을 세워야 했습니다. 이 장로들은 1:6-9에서 주어진 어떤 자격을 갖추어야 했습니다. 성경 사전이나 다른 번역을 사용해서 아래 열거된 성격들을 설명하십시오.

책망할 것이 없음 ______________________________

____

구타하지 않음 ______________________________

더러운 이를 탐하지 않음 ______________________________

____

■ 디도서

1. 기록자 : 사도 바울
2. 기록연대 :
A.D. 63~65년 사이
3. 기록장소 :
어디서 기록했는지 알 수 없다(그리스나 마게도냐에서 기록했을 가능성이 높다).
4. 기록대상 : 디도
5. 핵심어 및 내용 :
디도서의 핵심어는 "순결함"과 "상속자"이다. 기독교인들은 순결한 삶을 살뿐만 아니라 그 마음의 동기도 순결해야만 한다. 또한 모든 신자는 하나님이 주실 모든 복을 영원히 누리는 상속자가 되기 위하여 하나님 앞에서 의롭게 되었다.

거스려 말하는 자를 책망할 수 있음 ________________

____

Ⅱ. 올바른 그리스도인의 행동 <제 2 장>

바울은 건전한 교리는 반드시 매일의 행동에서 나타나야 한다고 믿었습니다. 어떻게 디도는 아래 그룹의 사람들에게 가르쳐야 했습니까?

늙은 남자<2:2> ________________

____

늙은 여자<2:3> ________________

____

종들<2:7> ________________

____

하나님의 은혜가 그레데에서는 남용된 교리였습니다. 어떤 이들은 그리스도인은 더 이상 율법아래 있지 않기 때문에 죄 가운데 살 수 있다고 가르치면서 은혜를 제멋대로 바꾸어 놓았습니다. 믿는 자가 율법 아래 있지 않고 은혜 아래 있는 것은 사실입니다. 그러나 이 사실은 거룩한 삶을 살도록 동기를 주는 것입니다. 2:11-15을 읽으시고 왜 우리가 경건한 삶을 살아야 하는지 설명하십시오.

____

____

____

Ⅲ. 올바른 그리스도인의 윤리 <제 3 장>

3:1에서 바울은 그리스도인은 어느 나라에서나 최상의 시민이 되어야 한다고 가르칩니다. 우리의 시민권은 하늘에 있지만 우리가 이 땅 위에 있는 동안 우리는 반드시 우리 그리스도인의 믿음

을 실제의 매일의 삶에 적용해야 합니다.

"당신이 다른 사람에 대해서 어떤 좋은 것을 말할 수 없으면 아무것도 말하지 마십시오." 이것은 어느 누구를 위해서도 좋은 윤리이며 바울은 그것을 오래 전 디도서 3:2에 말했습니다. 심리학자들은 말하기를 다른 사람들 안에 있는 우리가 미워하는 성격들은 우리 자신이 갖고 있는 성격들이기 쉽다는 것입니다. 우리는 사람들의 눈을 우리 자신에게로부터 돌리도록 타인 안에 있는 결점에 주의를 불러 일으키기 좋아합니다.

3:9에서 바울은 디도에게 무엇을 피하라고 말합니까?

---

(2) 빌레몬서

이 책은 바울의 편지 중 가장 짧은 것이지만 그 간략함에도 불구하고 우리에게 많은 것을 가르쳐주고 있습니다. 그것은 바울의 개종자 중 한 사람이며 골로새 교회 안에서 지도자였던 가까운 동료인 빌레몬에게 보낸 개인적인 편지입니다.

바울은 이 편지를 빌레몬의 종이었던 오네시모를 위하여 썼는데 그는 주인의 돈을 훔친 후<18절> 발각되지 않기 위하여 로마로 도망쳤습니다. 로마에 있는 동안 그는 하나님의 섭리로 바울을 만나게 되었고 바울은 그를 그리스도께로 인도하였습니다. 바울은 오네시모를 아들 같이 사랑하게 되었으나<10절> 그는 빌레몬의 법적인 소유였습니다. 오네시모가 아마도 자기가 저지른 일에 대한 끔직한 처벌을 받아야 할 주인의 집으로 자원하여 돌아가도록 바울이 그를 설득했던 것은 무척이나 어려운 일이었을 것임에 틀림이 없습니다. 바울은 오네시모에게 일어난 변화를 설명하고 또한 빌레몬에게 그를 관대하게 대해 달라고 부탁하기 위하여 이 편지를 보냈습니다.

오네시모는 이제 단지 종이 아닌 그리스도 안에서 한 형제였으

■ 빌레몬서

1. 기록자 : 바울
2. 기록연대 :
   A.D. 60~61년 사이
3. 기록장소 :
   바울이 로마에서 어느 집에 연금되어 있을 때 기록.
4. 기록대상 :
   빌레몬, 압비아, 아킵보, (아마도 압비아는 빌레몬의 아내이고 아킵보는 그의 아들일 것이다) 그리고 빌레몬의 거처가 있는 골로새의 성도들
5. 핵심어 및 내용 :
   빌레몬서의 핵심어는 "노예"와 "유익"이다. 바울은 영적으로는 예수 그리스도에게 갇힌자이고 육체적으로는 로마 감옥에 갇혀있다. 그래서 그는 빌레몬의 노예인 오네시모가 갚아야 할 댓가를 잘 알고 있었다. 바울은 11절에서 오네시모란 이름이 의미하는 "유익함"이란 말을 사용하여 오네시모의 변호된 모습을 알려주고 그를 형제로서 받아들이라고 권면한다.

며 바울은 빌레몬이 그를 그렇게 영접해 주기를 원했습니다. 바울은 빌레몬에게 그것을 요구하지는 않았습니다. 대신 그의 편지는 정중하고 사랑이 넘쳤으며 그가 부탁한 모든 것을 빌레몬이 해줄 것이라는 기대에 가득찬 것이었습니다.

바울은 오네시모가 자유로워지기를 고집하지 않았는데 그것은 아마도 현대인의 생각으로는 혼동이 되는 것일 것입니다. 노예제도는 고대 세계의 한 핵심적인 부분이었습니다. 노예를 위한 자유를 설교하는 것은 혁명과 유혈사태로 이끌게 될 것이었습니다. 이 악한 제도에 대한 바울의 접근은 예수님의 방법과 같은 것이었습니다. 그는 사람의 안을 변화시키는 복음을 전파함으로 노예제도의 문제를 향한 밖의 변화를 차례로 야기시키도록 했던 것입니다.

이 편지를 쓰기 전 노예들은 사람이 아닌 소유물 같이 취급되었습니다. 도망한 노예들은 흔히 이마에 뜨거운 인두로 인을 찍거나 수족을 절단하거나 심지어 극단적인 경우에는 죽이기까지 했습니다. 바울이 이 편지에서 세운 원칙은 궁극적으로 노예제도의 모든 토대를 무너뜨리는 것이었습니다.

NOTE

제 8 장

일반서신

신약성경은 크게 복음서(4권)와 초대교회 역사서인 사도행전(1권), 바울서신(13권) 그리고 일반서신(8권)과 예언서인 요한계시록(1권)으로 나누어지는데 일반서신은 바울이외 사도들이 모든 교회를 위해 일반적으로 쓴 목회서신의 모음입니다. 히브리서만이 저자 불명확으로 수신자명으로 지어졌고 , 야고보서, 베드로 전후서, 요한1,2,3서, 유다서 등은 주로 그 책은 저자의 이름으로 명명되었습니다.

제43주 히브리서

이 서신서는 우리가 지금까지 연구한 어떤 서신서와도 아주 다른 것입니다. 사도 바울의 모든 서신서들은 그의 이름과 함께 인사로 시작합니다. 히브리서는 이것들 갖고 있지 않으므로 그 저자를 알 수 없습니다. 그러나 거기엔 바울이 반드시 그 저자일 것이라는 증거가 있습니다.

또 다른 차이점은 그 편지가 누구에게 씌어졌는가가 분명치 않다는 것입니다. '히브리인들에게' 라는 제목은 2세기 말엽까지 이 책에 주어지지 않았으므로 그것이 증거가 될 수는 없습니다. 우리는 단지 저자가 말하는 것을 읽고 원래 수신자가 누구인가를 찾아내려고 시도할 수 밖에 없습니다.

대부분 학자들은 이 편지가 핍박에 직면하여 그리스도를 믿는 믿음을 다른 형태의 종교로 바꾸도록 유혹 받는 유대 그리스도인들에게 씌어졌다고 믿고 있습니다.

이 편지의 주제는 그리스도의 우월성입니다. 주요 단어는 "더 나은"이며 그것은 이 책 안에서 13번이나 사용되고 있습니다.

히브리서의 간략한 개요 :

Ⅰ. 하나님의 더 나은 길 〈1-10장〉

Ⅱ. 믿음의 영예의 전당 〈11-13장〉

****

Ⅰ. 하나님의 더 나은 길 <1-10장>

인간은 하나님을 발견하지 못합니다. 하나님께서 그 자신을 인류에게 알게 하시는 것입니다. 아주 처음부터 하나님은 그 자신을 여러 가지 방법으로 나타내 오셨으나 그리스도는 그 모든 계시 중 가장 위대한 것입니다. 히브리서의 주제는 1:1-2에서 그 개요가 설명되고 있는데 그것은 하나님 자신에 대한 계시와 또한 인간을 구원하는데 있어서의 그분의 사역이 예수 그리스도 안에서 완성되어진 것에 대한 계시를 나타내 주고 있습니다.

다음으로 저자는 예수님은 천사보다 낫다는 것을 보여주고 있습니다<1:4-2:18>. 유대인들은 천사들이 그들의 믿음에 필수적이며 그들은 작은 신들이라고 믿었습니다. 유대인들은 또한 하나님은 너무나 멀리 계시기 때문에 그분은 인간과 직접적인 관계를 갖을 수 없고 그러므로 인해 그분은 이 땅에서 그분의 뜻을 행하기 위하여 천사들을 사용하신다고 생각했습니다. 그러므로 그들은 율법이 천사들을 통하여 모세에게 주어진 것이라고 믿었습니다.

히브리서 1:4-14에서 예수님을 천사들보다 우월하게 해 주는 네 가지 것들을 찾으십시오:

1. <4절> ____

____

2. <5절> ____

____

3. <6절> ____

4. <13절> ____

3:1-9에서 히브리서 기자는 예수님께서 모세보다 다 낫다고 말씀하십니다. 예수님이 아담이나 아브라함과 비교되지 않고 모세

■ **히브리서**

1. 기록자 :
누가 기록했는지는 알 수 없다(아볼로, 바나바, 클레멘트, 누가, 바울, 빌립, 브리스길라 혹은 실라가 기록했을 것으로 추정하기도 한다).

2. 기록연대 :
A.D. 64~67년 사이

3. 기록장소 :
어디에서 기록했는지 알 수 없다(로마에서 기록했을 가능성이 높다).

4. 기록대상 : 유대인 기독교인들

5. 핵심어 및 내용 :
히브리서의 핵심어는 "희생"과 "우월함"이다. 그리스도 자신을 직접 드린 희생 제물은 유대인의 제사 제도에서 드릴 수 있는 어떤 희생 제물과도 비교할 수 없을 만큼 탁월한 것이다. 그리스도는 천사들에 의해서 경배를 받으시는 분이기 때문에 천사들보다 더 우월하시다. 또한 그리스도는 모세나 여호수아를 창조하신 분이기 때문에 그들보다 더 우월하신 분이다. 그리고 그리스도가 드린 희생 제사는 영원하기 때문에 반복되는 아론의 제사장직보다도 그리스도가 더 우월하시다. 뿐만 아니라 그리스도는 언약의 중보자이시기 때문에 율법보다도 우월하시다.

와 비교된 것은 흥미 있는 일입니다. 모세의 목소리는 이스라엘 사람들에게 있어서 실제적으로 하나님의 목소리가 되는 것입니다. 그러므로 예수님이 모세보다 낫다는 것을 보여주는 것은 반드시 필요한 것이었습니다. 그러므로 히브리서 기자는 모세를 하나님의 종으로 표현하고 있으나 예수님은 하나님의 아들로 표현하고 있는 것입니다.

4장은 그리스도로부터 돌아서려고 생각하는 사람들에 대한 경고로써 기록되었습니다. 그들은 여호수아 시대에 약속의 땅에 들어가지 못한 이스라엘 사람들에 비유됩니다. 여호수아와 예수는 동일한 이름입니다. --- 히브리어로 여호수아는 헬라어로 예수입니다.

5-7장에서 그리스도는 어떠한 대 제사장에 비교됩니까?

____

이 제사장에 관해 어떠한 것이 아주 특이합니까?

____

____

구약에서 결코 죽지 않는 세 명의 사람은 누구입니까?

1. 창세기 5:24 ____________________
2. 열왕기하 2:11 ____________________
3. 히브리서 7:3 ____________________

히브리서 8-10장은 예수님께서 그의 죽으심과 부활로써 완성하신 제사는 유대 제사들이 예시하는 모든 것의 성취임을 우리들에게 말해줍니다. 히브리서 기자는 구원을 위해 우리가 필요한 모든 것을 우리는 예수 그리스도 안에서 발견할 수 있다고 계속해서 말합니다.

유대인들은 레위 제사장들이 지상의 성전에서 그들의 의무를 수행하는 것을 보는 것에 익숙해 있었습니다. 이제 그들은 그리스도인들이 되어서 그리스도의 사역이 아주 다르지만 더욱 낫다는 사실에 감사할 필요가 있었습니다. 히브리서 8:1-6에 의하면 어떠한 면에서 이것이 사실이 됩니까?

____

____

____

9장과 10장에서 히브리서 기자는 하나님께서 성막을 짓는 모형을 주시던 때인 출애굽 시절로 돌아갑니다. 하나님께서 그의 백성들 가운데 사시기를 선택하셨음에도 불구하고 그들은 개인적으로 그분께 나갈 수 있는 길이 없었습니다. 성막의 설계와 모든 제사의 제도는 하나님으로부터 그들을 갈라 논 백성들의 죄를 강조했습니다. 단지 대 제사장만이 일년에 단 한 차례씩 하나님이 계신 지성소에 들어가도록 허락되었습니다. 매년 있는 이 속죄의 반복은 바로 하나님께로 가는 길을 내는데 있어 그 비효율성을 나타내 줍니다.

10:1-18에서 왜 그리스도의 제사가 구약의 제사들보다 더 나은지 최소한 세 가지 이유를 찾으십시오.

1. <1-4절>__________________________

____

2. <5-10절>__________________________

____

3. <11-18절>_________________________

____

10:19-22에 의하면 그리스도인들은 어떠한 것을 할 수 있는 특권을 갖고 있습니까?

Ⅱ. 믿음의 영예의 전당 〈11-13장〉

히브리서 11장은 성경의 모든 장 가운데 가장 사랑받는 것 중의 하나입니다. 그것은 분명히 하나님 말씀의 최정상의 것중 하나입니다. 이 장에 포함된 것은 위대한 "믿음의 명부"인데 그것은 구약의 수많은 뛰어난 믿음의 사람들을 내포하고 있습니다.

히브리서 11장은 성경과 교회가 없었을 당시의 기간 중 살았던 믿음의 남자들과 여인들을 보여줍니다. 비록 그들이 우리가 예수 그리스도 안에서 소유한 온전한 하나님의 계시를 받지 못했다 할지라도 그들은 오늘날 대부분의 그리스도인들을 부끄럽게 할 정도의 믿음을 발휘했습니다.

히브리서가 씌어진 대상이었던 신자들은 이 장의 메시지를 필요로 했습니다. 그들은 심한 반대와 핍박을 경험하고 있었으며 그것은 그들로 하여금 포기하고 싶은 생각이 들 정도로 그들에게 낙심을 가져다 주었습니다.

당신은 당신의 그리스도인으로서의 삶 가운데 낙심해 보신 적이 있으십니까? 물론 있으실 것입니다. 마귀는 우리 모두가 히브리서 11장의 성도들에게 닥쳤던 것과 같은 방해와 핍박같은 것들을 직면하도록 기를 쓰고 있습니다.

어떤 신자가 만일 행복하고 승리적인 그리스도인의 삶을 살려고 하면 그는 반드시 믿음으로 사는 것이 어떠한 것인지를 이해해야 합니다. 우리가 이 원칙을 이해하는 것을 돕기 위해서 위대한 믿음의 장을 함께 보도록 하겠습니다.

히브리서 11:1에 의하면 성경적인 믿음은 무엇입니까?

____

____

구약의 시대에서 남자들과 여인들은 오늘날의 신자들보다 더욱 하나님의 약속을 신뢰해야만 했습니다. 하나님은 그들에게 죄를 없이 하시고 하나님의 왕국을 건설할 구속자이신 메시야의 오심을 말씀하셨습니다. 하나님의 충성된 자들은 수많은 약속들이 불완전하고 희미한 채 그분의 약속들을 믿었습니다. 신약의 표준에 의하면 그들은 특수한 이해를 풍부히 갖지 못했지만 그들은 하나님의 말씀 안에 그들의 온전한 신뢰와 확신을 두었던 것입니다.

그것이 성경적인 믿음입니다. 그것은 생생한 장래의 소망 속에 사는 것이기 때문에 그것은 현재에 절대적인 확신을 주는 것입니다. 믿음은 현재의 확신과 미래에 대한 실상을 주는 것입니다.

히브리서 11:6에 의하면 왜 믿음은 그리스도인의 삶의 모든 면에서 그렇게 중요합니까?

____

____

시간과 공간의 제한 때문에 믿음의 영예의 전당 중 두명의 위대한 영웅들만을 생각해 보도록 하겠습니다.

첫째로 노아를 봅시다<히 11:7>. 노아의 믿음의 행위는 믿음은 언제나 그 주장을 뒷받침하기 위한 행동을 갖고 있다는 사실을 증거하고 있습니다. 구원하는 것은 오직 믿음이지만 구원하는 믿음에는 반드시 따르는 것이 있습니다. 믿음이 성경적이 되기 위해서는 그 자신이 반드시 선한 행위를 나타내야 합니다. 만일 당신이 진정으로 그리스도인이라면 당신이 사는 방법에서, 당신이 말하는 것에서, 당신이 하는 것에서, 그리고 당신이 하지 않는 것에서 그 것에 대한 증거가 있어야 합니다. 노아는 아마 성경 안에서의 다른 어떤 사람보다 더욱 믿음의 행위를 설명해주고 있는 것일 것입니다.

히브리서 11:23-29에서 우리는 모세와 믿음의 전투에 대해서 읽습니다. 때때로 그리스도인의 삶에 있어서는 반드시 믿음의 "전투"가 있어야 합니다. 왜냐하면 한 사람이 하나님께 "예"라고 말할 때 그는 동시에 세상에 대하여 "아니오"라고 말해야 하기 때문입니다.

11:24-29에 의하면 모세의 믿음은 어떠한 네 가지 중요한 것들을 하도록 그를 인도했습니까?

1. <24절> ________________
2. <25절> ________________
3. <27절> ________________
4. <29절> ________________

믿음은 언제나 그리스도인의 제자훈련에 있어서 가장 큰 장애물을 없애줍니다. 이 장애물은 무엇입니까? <히 11:23, 27 딤후 1:7>

____

히브리서 12:1-2에 의하면 이 위대한 영웅들의 증거로 인하여 우리는 그리스도인들로서 무엇을 하도록 격려를 받습니까?

____

____

____

이 책의 나머지 부분에서 독자는 하나님의 약속을 기억함으로 담대한 믿음의 삶을 살도록 도전을 받습니다: "내가 과연 너희를

버리지 아니하고 과연 너희를 떠나지 아니하리라" <13:5>

믿음의 거인들은 우리에게 영감을 불어 넣어 주는데 왜냐하면 그들은 성경도 없었고 교회도 없었으며 또한 그들에게 길을 보여 주는 설교자도 없었기 때문입니다. 그러나 그들은 하나님을 신뢰했습니다. 그들은 모두 하나님의 약속이 이루어진 것을 보지 못한 채 죽었지만 그들은 하나님께서 그의 약속을 지키실 것과 그들의 후손들이 그 약속을 받게 될 것을 확신했습니다.

모든 세대는 각기 그의 문제들을 갖고 있으며 우리 세대도 예외는 아닙니다. 하나님은 능히 그 모든 세대의 유혹과 시험을 이기실 수 있으십니다. 그분은 영원무궁의 변치 않으시는 하나님이십니다. 우리 각자는 그분의 계획 속에서 우리의 위치를 발견해야 할 필요가 있으며 모든 장애물을 이겨나갈 믿음으로 살아야 하겠습니다.

야고보 사도

두치오 디 부오닌세냐 (Duccio Di Buoninsegna 1278-1318)가 그린 야고보 사도

야고보는 예수의 친형제였으나 공생애 기간동안 예수가 메시야임을 의심하였다. 예수의 부활을 목격후 복음전파 사역에 힘썼으며, 예루살렘 교회의 최고 지도자가 되어 교회를 다스리고, 기원후 45년경에 야고보서를 기록한 것으로 보인다. 이것은 12세기 사본인 Calixtinus Codex에 실린 성 야고보의 모습이다.

제44주 야고보서

야고보서는 "일반서신"으로 불리우는 신약의 서신서들 모음의 첫 번째 것입니다. 일반서신이라는 이름은 특별한 교회 대신에 그리스도인들에게 일반적으로 보내는 것이었기 때문에 붙여진 것입니다. 일반서신에는 모든 일곱 개가 있습니다. 그것들은 무엇입니까? <20면의 도표를 참조하십시오>

1.________________ 2.________________

3.________________ 4.________________

5.________________ 6.________________

7.________________

이 서신서들은 네 명의 다른 사람들에 의해 씌어졌는데 그들의 이름은 각자가 기록한 책에 주어져 있습니다.

이 책의 저자는 야고보입니다. 신약에는 야고보라고 불리우는 세 명의 뛰어난 사람들이 있습니다 :

(1) 세베대의 아들이며 요한의 형제인 사도 야고보

(2) 알패오의 아들 사도 야고보

(3) 예수님의 육친의 동생인 야고보.

이 책의 저자는 우리 주님의 육친의 동생인 야고보임이 확실합니다.

예수님의 육친인 동생인 야고보는 복음서에 두 번 언급되어 있습니다. 마태복음 13:55과 마가복음 6:3. 두 번의 경우 다 그는 예수님의 동생들 중 하나로 기록되었습니다. 그러나 그는 예수님의 부활 때까지는 예수님을 따르는 자가 아니었습니다<마가복음 3:21과 요한복음 7:1-10>. 야고보는 예수님이 부활 후 예수님으로부터 특별한 방문을 받게 되었으며 아마도 그것이 그의 구원을 초래하게 되었을 것입니다<고린도전서 15:7>. 그리고 나서 우리는 마가 다락방에서 다른 신자들과 함께 있는 그를 발견하게 됩니다<사도행전 1:14>. 베드로가 예루살렘을 떠났을 때<사도행전 12:17>, 야고보는 그 곳에서 교회의 지도자가 됩니다. 사도행전 15장에 나오는 첫 교회 공회를 주재한 이도 야고보였습니다.

야고보의 편지는 위선에 대항한 것입니다. 그의 전체의 초점은 믿음으로 받은 구원은 거룩한 삶을 초래하며 행함을 산출하지 않는 믿음은 구원하지 못한다는 것입니다. 요절은 1:22입니다. 그것을 아래에 기록하십시오.

야고보서의 간략한 개요 :

Ⅰ. 순수한 그리스도인의 행동을 위한 격려 <제 1 장>

Ⅱ. 여러 가지 죄에 대한 경고 <제 2-4 장>

Ⅲ. 그리스도인이 의무를 수행하기 위한 격려 <제 5 장>

****

Ⅰ. 순수한 그리스도인의 행동을 위한 격려 <제 1 장>

이 편지는 누구에게 씌어졌습니까?<1:1-2>

■ **야고보서**

1. 기록자 : 예수님의 동생인 야고보
2. 기록연대 : A.D. 45~49년 사이
3. 기록장소 : 아마도 예루살렘에서 기록했을 것이다.
4. 기록대상 : 여러 나라에 흩어진 12지파들, 즉 유대기독교인
5. 핵심어 및 내용 : 야고보서의 핵심어는 "인내"와 "순수한 신앙"이다. 야고보는 인내야말로 그리스도 안에서 완전하고 흠이 없는 주의 자녀가 되기 위하여 모든 신자가 갖추어야 할 경건한 성품이라고 강조하고 있다. 또한 순수한 신앙이란 하나님 앞에서 올바르게 행동할 뿐만 아니라 세상 사람들에게도 모범이 되며 존경받는 삶을 사는 것이다. 즉 고아와 과부를 돌보며 다른 어려운 사람들에게 도움을 주는 삶이야말로 하나님이 기뻐하시는 참된 믿음의 모습인 것이다.

1;2-4을 읽으시고 왜 그리스도인들이 문제를 갖도록 허락되었는지 그 이유를 설명하십시오.

1:5-6을 읽으시고 당신의 문제에 대하여 당신이 무엇을 할 수 있는지 설명하십시오.

다음으로 야고보는 유혹을 다루고 있습니다. 우리가 유혹에 대하여 누구를 탓해야 할지 우리는 조심할 필요가 있습니다. 야고보서는 1:14에 의하면 무엇이 유혹을 초래합니까?

우리의 성품을 시험하는 것은 하나님으로부터 오지만 악을 행하도록 유혹하는 것은 결코 그분으로부터 오지 않습니다. 대신에 그런 유혹들은 마귀로부터 오며 그는 우리의 옛 성품을 유혹합니다.

1:22-25에서 야고보는 말씀을 듣는 것만으로는 충분하지 않다고 우리에게 경고합니다. 우리는 그 말씀을 순종해야 합니다. 많은 사람들은 좋은 설교를 듣는 것이나 성경공부가 그들을 성장하게 해주고 하나님의 축복을 받게 해 준다는 잘못된 생각을 갖고 있습니다. 축복을 가져다 주는 것은 '듣는 것'이 아닌 '행하는 것'입니다. 너무도 많은 그리스도인들이 그들의 성경에 표시를 남겨 놓지만 그들의 성경은 그들에게 표시를 남겨 놓지 않습니다. 만일 당신이 단지 하나님의 말씀을 들음으로 인하여 당신이 영적이라고 생각한다면 당신은 자신을 스스로 속이고 있는 것입니다.

Ⅱ. 여러 가지 죄에 대한 경고 <제 2-4 장>

우리는 우리보다 사회적으로 지위가 높은 사람들을 높이보고 우리 밑에 있는 사람들을 낮추어 보는 경향이 있습니다. 이 책에서 그리스도인들은 이러한 차별을 하지 말도록 권면을 받고 있습니다. 우리 모두는 윗 사람에게 아첨하고 아랫 사람에게 교만한 사람이 되기가 매우 쉽습니다. 그러나 그리스도인들은 사회적인 지위나 학적인 능력이나 종족이나 혹은 피부색깔에 관계없이 같은 존경심을 가지고 모든 사람을 대해야 합니다. 그렇게 하지 않는 것은 예수님께서 말씀하신 두 번째의 위대한 계명을 범하는 것입니다. 그것은 무엇입니까? <마가복음 12:31>

오늘날 일반적인 미국 교회에서 가장 흔한 것 중의 하나가 이 편견의 분야에 있습니다. 교회의 지도자들은 강단에 서서 해외 선교 헌금을 위하여 눈물까지 흘리며 감정적으로 호소하면서도 그들의 교회에서 다른 피부색을 가진 사람들이 함께 예배 드리는 것을 거부합니다. 이러한 자세에 대하여 야고보는 무엇이라고 말합니까?

3장에서 야고보는 절제 없는 혀의 무서운 특성을 지적하고 있습니다. 그는 그것을 크기는 비교적 작으나 배 전체의 방향을 조정하는 배의 키에 비교하고 있습니다<3:4>.

그리고 나서 그는 혀를 큰 불을 일으킬 수 있는 작은 불꽃에 비교합니다<3:5>. 1871년 도시 전체의 1/3을 태웠던 시카고 화재는 소가 등잔불을 발로 찬 것에 의해 점화되었던 것입니다. 17,000개의 건물이 불타고 250명이 죽었으며 수만 명이 집을 잃었습니다. 작은 불과 같이 한 마디 적은 말이나 문장이 엄청난 피해를 줄 수 있는 것입니다.

3:8에서 야고보는 혀를 '죽이는 독이 가득한 것'이라고 말합니다. 우리는 독을 담은 그릇을 가지고 얼마나 조심해야 할까요! 자갈을 물리지 않는 말은 말하는 사람뿐만 아니라 듣는 사람에게 독을 먹이는 것입니다. 우리의 혀는 죽이는 독이 될 수도 있고 치료하는 약이 될 수도 있습니다. 우리의 혀는 기쁨과 축복의 근원이 될 수도 있고 슬픔과 고통의 근원이 될 수도 있습니다. 당신의 혀는 어떤 것입니까?

4장은 세상적인 것과 교만에 대한 경고입니다. 야고보서 4:13-15을 누가복음 12:16-21에 나오는 예수님의 비유와 비교하시고 그 각자에서 표현된 경고가 오늘날 우리의 삶에 어떻게 적용되어야 하는지 설명하십시오.

____

____

____

Ⅲ. 그리스도인이 의무를 수행하기 위한 격려 <제 5 장>

이 장에서 야고보는 부유한 자들에게 부의 위험에 대해 경고하고 있습니다. 그들의 부는 그들을 거짓 안전의 껍데기에 집어 넣습니다. 그들의 삶의 방식은 즐겁고 외부와 격리되어 영원에 대한 안목을 잃어버립니다. 야고보는 거짓 안전의 문제를 갖고 있는 부유한 사람들에게 뿐만 아니라 부정직함과 속임수로 그들의 부를 모으고 또한 그런 과정 속에서 가난한 사람들을 핍박하던 자들에게 썼습니다<5:4>.

야고보는 부자가 되는 것이 죄라고 말하는 것이 아닙니다. 아브라함, 욥, 다윗, 그리고 솔로몬은 모두 부자였으나 그들은 모두 하나님에 의해 위대하게 사용받았습니다. 야고보는 분명히 그리스도인들인데도 돈을 벌기 위해 사람들을 속이는 부자들을 염려하는 것입니다.

야고보서 5:14-16은 기적적인 방법으로 하나님의 치료를 받는 길을 기술하고 있습니다. 이 문맥에서 우리는 그 질병이 교회 장로들을 환자에게 오게 할 만큼 심각한 것임을 봅니다. 신약시대의 장로들은 오늘날 교회의 목회자나 지도자들을 말합니다. 병자는 감기나 두통같이 약한 것으로 고통받는 것이 아니고 너무 아파 교회를 나올 수 없는 상태를 말합니다.

그 외에도 이 문맥에 의하면 그 경우는 개인적인 상황이었으며 공공적으로 알린 신유의 집회는 아니었습니다.

또한 거기에는 기름의 사용이 있었습니다. 그리스도인들은 기름의 의미와 목적에 그 의견들이 나뉘고 있습니다. 어떤 이들은 기름은 단지 성령님의 신성한 상징으로 믿고 있습니다. 다른 이들은 기름을 약으로 믿고 있습니다. 헬라어 신약에서 '기름부음' 에는 두 개의 단어가 있습니다:

(1) CHRIO(크리오) -- 이 말에서 '그리스도' 와 '기름부음' 이란 말이 나왔으며 그것은 신성하게 기름부음 받았음을 의미하고 있습니다.

(2) ALEIPHO(알레이포) -- '기름을 바르는 것' 을 의미하며 고대의 운동선수들이 시합 전에 몸을 자극하기 위해 몸에 바르거나 비비는 것을 말합니다.

야고보서 5:14에서 사용된 헬라어는 CHRIO가 아닌 ALEIPHO 입니다.

유대인들은 건강을 회복하는 자연적인 수단으로써 기름을 어디에나 가지고 다녔습니다. 선한 사마리아인은 매맞아 쓰러진 사람을 발견했을 때 그의 상처가 감염되지 않도록 그 상처부위에 술을 발라 치료하고 기름으로 부드럽게 했던 것입니다<누가복음 10:34>. 그러므로 야고보는 병들었을 때 의약품과 기도를 함께 사용할 것을 권장하고 있습니다.

(저자인 야고보는 이 내용을 설명하면서 “믿음의 기도”에 관해 말씀하고 있습니다. 기름을 바르며 믿음으로 기도했다는 것은 그 기름이 자연적인 치료제만이 아닌 성령님을 상징하고 있음을 의미합니다. 더구나 기름으로 치료할 수 없는 수많은 내적 질병들을 위해 기도할 때도 오늘날 우리가 기름을 바르며 기도할 때 그 기름은 성령님을 상지하고 있습니다. 그러므로 그것은 구약의 경우와 같이 자연적인 치료제로 해석할 수도 있고 또한 성령님의 사역을 통한 믿음의 치료로도 해석할 수 있으며 그 둘을 복합적으로 사용한 의미로도 해석할 수 있습니다. --- 역자주)

야고보서의 마지막 구절들<5:19-20>은 진리로부터 떠나 죄 속에 빠진 형제를 향한 우리의 사역에 관해 다루고 있습니다. 이것은 매우 심각한 일인데 왜냐하면 그는 주님에 의해 징계를 받거나<히브리서 12:5-11> 또는 그가 죽음에 이르는 죄를 범할 위험에 빠질지 모르기 때문입니다<요한일서 5:16-17, 야고보서 5:20>. (또한 고린도전서 11:30을 보십시오)

중요한 점은 우리가 방황하는 형제에 관하여 비판이나 험담을 하지 말고 대신에 사랑으로 그를 회복시켜 주기를 구해야 한다는 것입니다.

제45주 베드로전서, 베드로후서

(1) 베드로전서

이 책은 사도 베드로에 의해서 그의 분주했던 삶의 말엽에 씌어진 것입니다. 예수님께서 그를 부르신 후 베드로는 급속히 12제자 중 지도자와 대변인이 되었습니다. 그는 영광 가운데 계신 예수님을 보도록 허락된 수제자들 중 하나였습니다<마가복음 9:1-4, 베드로후서 1:16-18>. 그러나 예수님께서 재판 받으셨을 때 베드로는 그의 주님을 모른다고 부인했습니다. -- 베드로가 결코 잊지 못할 사실이었습니다. 설교와 가르침으로 일생을 보내 후 그는 십자가의 처형을 받게 되었는데 전설에 의하면 베드로는 자신이 그의 주님과 똑같은 죽음을 죽을 자격이 없다고 느껴 머리를 밑으로 하여 거꾸로 십자가에 못 박히기를 요청했다고 합니다.

이 책은 A.D.65년경 아마도 네로 하의 핍박이 있던 기간 중 씌어졌습니다. 64년 로마시의 대부분이 불에 탔을 때 네로는 그것에 대해 거짓으로 그리스도인들에게 죄를 덮어 씌웠습니다. 그는 수많은 그리스도인들을 고문하고 죽였으며 심지어는 밤에 그의 정원에 불을 밝히기 위해 그들을 불로 태웠습니다.

베드로전서는 현재 터어키라고 불리우는 여러 지방에 흩어져 있는 그리스도인들에게 보내진 것입니다. 베드로는 핍박 받는 그리스도인들을 격려하며 그들에 대하여 주어진 혐의는 거짓인 것이 알려질 것임으로 말미암아 그들이 그리스도인으로서의 합당한 삶을 살도록 도전하기 위해 이 편지를 쓴 것입니다.

■ 베드로전서

1. 기록자 : 사도 베드로
2. 기록연대 : A.D. 63~64년 사이
3. 기록장소 : 로마나 바벨론
4. 기록대상 : 소아시아에 흩어져 있는 기독교인들
5. 핵심어 및 내용 : 베드로전서의 핵심어는 "고통"과 "영광"과 "기쁨"이다. 예수 그리스도에게 헌신했기 때문에 신자들이 겪게되는 시련과 고통은 오히려 그들에게 영적인 영광스러움을 안겨다 주는 축복의 기회이다. 이런 이유 때문에 사탄과 세상이 우리 신자들을 해치려 할때마다 기독교인들은 좌절하지 않고 기뻐할 수 있다.

베드로 사도
십자가가 순교를 앞둔 베드로 사도의 모습
작품 Martyrdom of St Peter-MICHELANGELO Buonarroti(1546-50).

베드로전서의 간략한 개요 :

Ⅰ. 위로와 재 확신의 말씀 <제 1 장>

Ⅱ. 올바른 그리스도인의 행동 <제 2-3 장>

Ⅲ. 그리스도의 고난을 함께 나눔 <제 4-5 장>

****

Ⅰ. 위로와 재 확신의 말씀 <제 1 장>

이 편지는 독자들에게 죽지 않고 실망되지 않는 산 소망<1:3>을 갖을 것을 상기시킴으로 시작합니다. 이 산 소망의 기초는 무엇입니까?

____

이 산 소망은 우리로 하여금 거룩한 삶을 살도록 격려해 줄 것입니다. 1:16-21을 읽으시고 왜 우리가 거룩한 삶을 살아야 하는지 세 가지 이유를 기록하십시오.(주: '거룩'은 죄 없는 완전함을 의미하는 것이 아니라 그것은 '분리된' 또는 '하나님께로 헌신된 것'을 의미합니다.)

1. ______________________________________
2. ______________________________________
3. ______________________________________

Ⅱ. 올바른 그리스도인의 행동 <제 2-3 장>

이 장들은 그리스도인들이 그들의 높으신 부르심을 따라 살며 그리스도인의 믿음 안에서 성장하도록 하기 위한 호소입니다. 영적 생명의 한 가지 필수적인 증조는 영적 양식을 위한 배고픔입니다. 그리스도인들은 영혼이 반드시 먹어야 하는 영적 양식은 무엇

입니까?<2:2>

베드로전서 2:4-10은 교회에 관해서 우리에게 많은 것을 말씀해 주고 있습니다. 구약에서 여러 구절들이 하나님의 백성을 귀중한 돌이신 예수 그리스도 위에 세워진 진정한 예배의 집으로써 묘사하기 위해 함께 짜여져 있습니다.

주춧돌은 고대 건물에서 건물의 전체 구조를 안내하기 위해 사용되었습니다. 그것은 건물을 수직과 수평의 양면으로 정연하게 하기 위해 사용되었습니다. 그것은 마치 벽돌 쌓는 사람이 벽을 쌓을 대에 그가 인도를 받도록 먼저 모퉁이를 세우는 방법과 매우 흡사합니다.

하나님의 백성의 간략한 묘사 후에 베드로는 올바른 그리스도인의 행동에 관해서 구체적으로 다루고 있습니다. 왜 베드로는 2:11에서 그리스도인들을 외국인과 나그네로 언급하고 있습니까?

3장에서 베드로는 가정 안에서의 행동에 관해 말합니다. 그리스도인인 아내는 그녀의 구원받지 못한 남편을 어떻게 구원할 수 있다고 베드로는 말합니까?<3:1-2>

3:7에 의하면 무엇이 남편의 기도를 방해할 수 있습니까?

어떤 사람들은 3:19에 나오는 '영들'은 창세기 6장에 나오는 타락한 천사이며 그들은 유다서 6:7에 기록된 것처럼 이상한 육체

를 좇아 가며 사람의 딸들과 함께 교제하던 자들이라고 믿고 있으며 또한 그리스도의 죽으심과 부활 사이 그분은 옥에 갇힌 이 천사들을 방문하셨다고<베드로후서 2:4> 믿고 있습니다. 그러나 우리가 충분한 세부적인 내용을 알 수 있도록 확실하게 주어져 있지는 않습니다.

Ⅲ. 그리스도의 고난을 함께 나눔 <제 4-5 장>

네로는 이 초기 그리스도인들을 엄청나게 핍박하였습니다. 1세기 그리스도인들의 당한 핍박에 비하면 우리의 조그만 문제와 핍박은 얼마나 작은 것일까요! 베드로가 4:12-14에서 이 그리스도인들을 위로하고 격려하기 위해 말한 것을 당신자신의 말로 설명하십시오.

____

____

이 편지는 간략한 축복과 서명으로 끝납니다. 실루아노(실라)는 이 편지를 대필한 사람으로 그 이름이 나와 있습니다.

(2) 베드로후서

베드로의 이 두 번째 서신은 그의 죽음 직전에 씌어졌습니다.<1:14-15>. 그의 첫 번째 편지에서 그는 외부로부터의 핍박으로 고통 받는 그리스도인들을 격려하기 위해 썼습니다. 그러나 이 편지에서 베드로는 교회 내부의 위험에 관하여 염려하고 있습니다. 분명히 이단들과 부도덕이 교외 안으로 기어들어 왔던 것이며 베드로는 권면하기 위해 이 편지를 보냈습니다.

그의 죽음 전에 베드로는 그리스도인들에게 진리에 대해 확신시키기를 원했으며 또한 계속적인 영적 성장의 필요성을 그들에게 단단히 가르치기를 원했는데 그것은 거짓 가르침을 믿는 데로 빠져들어가는 것으로부터 그들을 지켜주게 될 것이었습니다.

베드로후서의 간략한 개요 :

Ⅰ. 영적으로 성장하기 위한 격려 <제 1 장>

Ⅱ. 거짓 교사들에 관한 경고 <제 2 장>

Ⅲ. 주의 날 <제 3 장>

****

Ⅰ. 영적으로 성장하기 위한 격려 <제 1 장>

단지 구원받는 것만으로는 충분하지 않습니다. 그리스도인은 반드시 계속하여 영적으로 성장해야 합니다. 이것은 헌신과 부지런함을 요구합니다. 1:5-9을 주의 깊게 읽으시고 다음의 질문들을 대답하십시오 :

무엇이 은혜 속에 자라는 그리스도인의 특징입니까? <1:6>

____

무엇이 성장하는 그리스도인의 타인을 향한 태도입니까? <1:7>

____

사람들은 이러한 자질을 나타내지 못하는 그리스도인들을 어떻게 생각합니까? <1:9>

____

베드로후서 1:21은 우리가 어떻게 기록되어진 하나님의 말씀을 갖게 되었는지를 우리에게 말씀해줍니다.

____

____

■ **베드로후서**

1. 기록자 : 사도 베드로
2. 기록연대 :
   A.D. 64~66년 사이
3. 기록장소 :
   아마도 로마에서 기록했을 것이다.
4. 기록대상 : 모든 기독교인들
5. 핵심어 및 내용 :
   베드로후서의 핵심어는 "지식"과 "마지막 날들"이다. 베드로는 자신의 인격적인 체험을 통하여 확신하고 있는 그리스도에 대한 살아있는 지식에 근거하여 신자들에게 참된 신앙과 그리스도에 대한 지식을 가르쳐줌으로써 독버섯처럼 계속 퍼져나가는 거짓된 가르침들을 반박한다. 하나님의 은혜 가운데에 있는 이러한 성숙은 불경건한 자들이 자신들의 행위에 따라 심판을 받게 될 마지막 날들에 대한 더 깊숙한 이해를 목적으로 하고 있다.

Ⅱ. 거짓 교사들에 관한 경고 <제 2 장>

이 부분에서 베드로는 거짓 교사들의 올 것과 그들의 운명을 말하고 있습니다. 그는 과거에 있었던 악한 자들에 대한 하나님의 심판의 세 가지 예를 인용하고 있습니다. 그것들은 무엇입니까?

1. 2:4 ______________________________
2. 2:5 ______________________________
3. 2:6 ______________________________

이 장의 대부분은 거짓 교사들의 특성과 행동에 대한 묘사입니다. 그들은 그들의 추종자들에게 만족을 약속하지만 그들의 영적인 갈증을 채워주지는 못합니다<2:17>. 그들은 자유를 약속하지만 사람들을 억압으로 이끌어 갑니다.

Ⅲ. 주의 날 <제 3 장>

이제 베드로는 그리스도의 재림의 약속에 관해 말합니다. 그것은 거짓 교사들이 주님이 다시 오신다는 가르침을 논박하고 있음을 보여줍니다. 많은 사람들이 예수님의 말씀을 그가 그 시대에 다시 오실 것으로 잘못 이해하며 해석하고 있습니다.

그분의 재림의 시기에 관해 그들의 염려를 덜어주기 위해 베드로는 3:8에서 어떻게 말했습니까?

____

____

주의 날은 또한 "환난" 이라고 불리우는 심판의 기간이 될 것입니다. 이것은 '밤의 도적같이 올 것입니다' <3:10>

우리는 이 주제를 우리의 요한계시록 연구에서 더욱 자세히 다룰 것입니다.

3장의 11-15절은 우리가 그의 오심을 기다리는 동안 어떠한 종류의 삶을 살아야 할 것인가를 우리에게 말해줍니다. 그리고 나서 3:15-16에서 베드로는 바울의 글들에 관해 언급하며 그것들을 성경이라고 부릅니다. 그것은 여기서 우리가 갖고 있는 신약의 책 중 한 권이 다른 신약의 책을 언급함으로 또한 이 글에 성경의 위상을 주고 있다는 매우 의미 깊은 것입니다.

베드로는 이 책을 "구주 예수 그리스도의 은혜와 저를 아는 지식에서 자랄 것"을 권고함으로 마칩니다<3:18>.

제46주 요한일서, 요한이서 요한삼서, 유다서

이 처음 세 편지들은 요한복음과 요한계시록을 기록한 동일 인물인 요한에 의해서 씌어졌습니다. 에베소(지금의 터키)에서 이제 그의 말년을 지내고 있던 요한은 아마도 12사도중 그 당시 유일하게 생존해 있던 인물이었을 것입니다.

요한은 첫 번째 서신은 그리스도인들의 믿음을 재 확신시키고 그 당시 거짓 가르침과 철학에 의해 흔들리고 있던 그들의 확신을 새롭게 하기 위하여 씌어졌습니다.

두 번째와 세 번째 서신은 초기 그리스도인들에게 방문하는 그리스도인들을 친절하게 대해야 하는 문제를 어떻게 다룰 것인가에 관해 말하기 위하여 씌어졌습니다. 거짓 교사들은 그리스도인들의 관대함을 남용했으므로 그들이 이러한 상황을 다룰 수 있도록 돕기 위하여 어떠한 충고가 필요했습니다.

(1) 요한일서

요한복음 20:31에서 우리는 요한복음의 목적이 사람들에게 어떻게 그들이 영생을 얻을 수 있는가를 보여주기 위함임을 읽게 됩니다. 이 요한의 첫 번째 서신은 사람들이 영생을 갖고 있음을 그들이 알도록 하기 위해 씌어졌습니다. 요한복음의 핵심단어는 '믿는다' 입니다. 요한일서의 핵심단어는 **'안다'** 이며 그것은 이 짧은 책에서 30번 이상이나 사용되고 있습니다.

이 편지에서 요한은 사람들의 믿는 것 뿐만이 아니라 그들의 믿음을 행해 나가는데에도 관심이 있음이 분명합니다. 요한은 그리스도께 향한 한 개인의 충성심에 대한 진정한 시험은 그의 행함과 실행에 있다고 분명히 말합니다. 첫 세장을 함께 보면서 요한이 언급하고 있는 몇 가지 시험들을 찾아 보십시오.

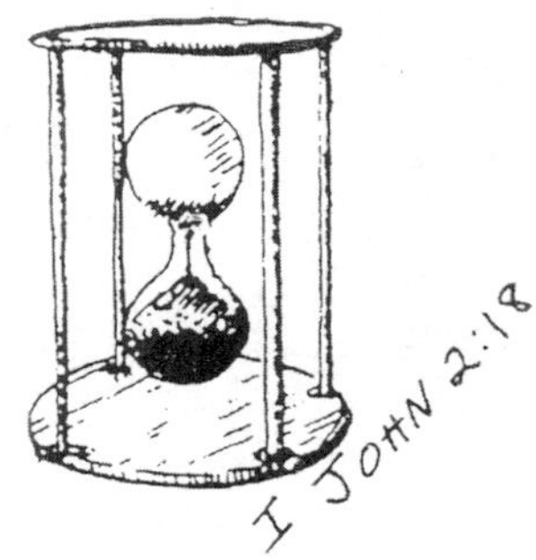

1:5-7을 보시고 '빛'의 시험을 설명하십시오:

____

____

____

'순종'의 시험은 2:4에 있습니다. 그것을 설명하십시오:

____

____

2:9-10을 읽으시고 '사랑'의 시험을 설명하십시오:

____

____

3:17에 나오는 '긍휼'의 시험은 어떠한 것입니까?

____

____

____

4장에서 요한은 만일 한 사람이 하나님께로서 거듭나면 그는 그의 사랑에 의해서 그것을 증명해야 한다는 사실을 강조하고 있습니다. 그는 왜 우리가 그리스도인으로서 서로 사랑해야 하는가 하는 네 가지 이유를 계속하여 언급합니다.

#1 -- 4:7,8에서 우리가 하나님께로서 났기 때문에 서로 사랑

■ 요한서신 (요한1서)

1. 기록자 : 사도 요한
2. 기록연대 :
   A.D. 85~96년 사이
3. 기록장소 :
   아마도 에베소에서 기록했을 것이다.
4. 기록대상 :
   모든 기독교인들, 요한3서는 가이오
5. 핵심어 및 내용 :
   요한1서의 핵심어는 "교제"와 "사랑"이다. 요한1서에서 특별히 강조하고 있는 점은 우리 기독교인들이 하나님과 아름다운 교제를 하기 위해서는 하나님께 순종하고 진리를 추구하는 삶을 살아야만 한다는 것이다. 뿐만 아니라 다른 사람들과의 아름다운 교제는 서로가 서로를 사랑함으로써 명백하게 드러난다. 이런 사랑은 그리스도께서 우리를 위하여 자신의 목숨을 버리셨던 십자가의 사건을 통하여 충분히 입증되었다.

해야 한다고 말합니다. 요한이 사용하고 있는 논리는 아주 간단합니다.

-- 만일 당신이 사랑하지 않는다면 당신은 하나님을 모르는 것입니다. 왜냐하면 하나님은 사랑이시기 때문입니다.

#2 -- 그리스도께서 우리를 사랑하사 우리를 위해 죽으셨기 때문에 우리는 서로 사랑해야 합니다<4:9-11>. 왜 예수님의 십자가에서 죽으심이 우리들로 하여금 서로 사랑하게 해 줍니까?

____

____

____

#3 -- 요한은 성령님께서 우리 안에 살고 계시기 때문에 우리는 서로 사랑해야 한다고 말합니다<4:12-16>. 사람들은 하나님을 볼 수 없지만 그들은 우리를 통해 흐르고 있는 그분의 사랑을 볼 수 있습니다. 하나님의 사랑이 우리를 통해 흐르도록 하기 위하여 우리는 성령님께 우리 자신을 복종시켜야만 합니다. 서로를 사랑하는 것은 신성한 능력을 요구하는데 왜냐하면 그리스도인들이 거듭났음에도 불구하고 우리들 대부분은 아직도 사랑스럽지 않기 때문입니다.

#4 -- 4:20-21에서 요한은 우리가 서로 사랑해야 하는 마지막 이유를 우리에게 주고 있습니다. 그것은 무엇입니까?

____

____

요한일서 5장은 그리스도인의 확실성에 대한 장입니다. 5:1-5에는 그리스도인의 세상을 이기는 확실성이 나와 있습니다. 그는 그 자신의 힘이나 능력으로써가 아니라 믿음으로써 이기는 것입니다.

5:1-13에서는 예수님의 신성의 확실성이 강조되었습니다. '신성' 이란 말은 무엇을 의미합니까? (당신의 성경사전을 사용하십시오)

5장의 14-15절은 기도의 능력의 확실성에 대해 우리에게 말씀합니다. 기도는 하나님의 마음을 바꾸는 기술이 아닙니다. 우리는 "당신의 뜻이 변화되소서"라고 기도하면 안되고 "당신의 뜻이 이루어지이다"라고 기도해야 합니다. 우리가 기도할 때에 우리는 그분의 신성한 뜻을 이루는 길로 인도해 달라고 구해야 합니다. 어떤 그리스도인들은 기도는 실제는 하나님께서 원하시는 것을 그분께 구해야 하는 것을 그들이 원하는 것을 위해 하나님께 요청하기 위한 목적으로 기도를 사용하는 잘못된 생각을 갖고 있습니다. 기도는 하나님께 말하는 것처럼 또한 그분을 듣는 것입니다.

마지막으로 요한은 사단을 이기는 우리의 승리의 확실성에 대해 언급하고 있습니다<5:18-20>. 그리스도인으로서 우리는 사단의 능력으로부터 자유입니다. 그것은 그리스도인은 결코 죄를 짓지 않는다는 의미가 아니라 그는 더 이상 죄의 노예가 아니라는 것입니다.

(2) 요한이서

요한이서는 단순히 택하심을 입은 부녀와 그의 자녀에게 보내지고 있습니다<1절>. 어떤 이들은 이것은 개인보다는 지역교회를 언급하는 것으로써 교회는 부녀로서, 그리고 자녀로서 표현되고 있다고 믿고 있습니다. 다른 이들은 이 편지는 어떤 한 개인 부녀와 그녀의 가족에게 씌어졌다고 믿고 있습니다. 이 해석이 가장 맞는 듯 합니다.

이 편지를 받은 여인은 아마도 그리스도에 관해 잘못된 견해를 가르치는 몇 몇 사람들을 그녀의 집 안에 영접했던 것 같습니다. 우리가 정확히 알 수는 없지만 요한은 그녀의 자매로부터<13절>

■ **요한서신 (요한2서)**

1. 기록자 : 사도 요한
2. 기록연대 :
A.D. 85~96년 사이
3. 기록장소 :
아마도 에베소에서 기록했을 것이다.
4. 기록대상 :
모든 기독교인들, 요한3서는 가이오
5. 핵심어 및 내용 :
요한2서의 핵심어는 "진리"와 "행함"이다. 이 진리에 대한 주제는 요한2서에서 두드러지게 나타난다. 진리 안에 있는 신자는 사랑과 참된 지식과 기쁨 가운데에서 생활해야 한다. 요한은 그의 사도적 권위를 내세워서 이런 순종의 삶을 살라고 명령한다.

이 소식을 얻은 것 같습니다.

요한은 그녀와 그 자녀에게 거짓 교사들에 관해 경고하며 그들의 집안으로 그들을 끌어들이지 않도록 말해주기 위해 이 편지를 썼습니다.

이러한 거짓 교사들을 그들의 사역에 참여시킬지도 모르는 그들에게 요한은 어떤 경고를 주었습니까? <10-11절>

(3) 요한삼서

이 편지는 사랑하는 가이오에게 씌어졌습니다<1절>. 가이오는 그의 교회로부터 내어 쫓겼음이 분명합니다. 그에 대한 이 고소는 그 교회 내의 지도자인 디오드레베의 선포에 반대하여 어떤 선교사들을 도와주고 영접한 것에 대한 것이었습니다.

디오드레베가 교회 내에서 무엇을 한 것이 나타납니까?<9-10절>

디오드레베는 얼마든지 없어도 되는 교회 일원의 모형입니다. 그는 교회 안에서 독재자가 되기를 원합니다. 항상 이러한 째째한 작은 독재자들은 주님의 교회가 자기들이 없으면 무너져 내릴 것으로 생각하면서 자신들을 절대 필요한 존재로 느끼고 있습니다.

요한은 그리고 나서 가이오에게 악한 것을 본 받지 말고 선한 것을 본 받으라고 말합니다. 그는 가이오를 곧 만나 볼 수 있기를 바라면서 이 편지를 마칩니다.

(4) 유다서

이 간략한 책의 가장 첫 절에서 저자는 그 자신을 야고보의 형제 유다로 밝힙니다. 신약에서 언급된 그 한 쌍의 형제들은 예수님의

■ **요한서신 (요한3서)**

1. 기록자 : 사도 요한
2. 기록연대 :
   A.D. 85~96년 사이
3. 기록장소 :
   아마도 에베소에서 기록했을 것이다.
4. 기록대상 :
   모든 기독교인들, 요한3서는 가이오
5. 핵심어 및 내용 :
   요한3서의 핵심어는 "기쁨"이다. 요한은 진리 안에서 꾸준히 신앙 생활을 잘 하고 있는 가이오와 다른 신자들이 하나님 앞에 충성스러운 모습을 보고 기쁨을 감추지 못한 채 감사하고 있다. 또한 요한은 그들이 순회 설교자들과 다른 믿는 형제들에게 베풀어 주었던 친절과 대접이야말로 전 교회가 계속해서 감당해 나가야할 귀한사역이라고 말한다.

육친의 동생들이었습니다<막6:3>. 예수님과의 관계를 그가 언급하지 않은 것은 아마도 유다의 겸손 때문이었을 것입니다.

이 편지를 쓴 목적은 4절에 진술되어 있습니다. 그것은 무엇입니까?

____

____

소돔과 고모라의 사람들과 같이 이 거짓 교사들은 성적인 부도덕에 빠져 있으면서도 그들은 여전히 영적 지도자인 듯 가장했습니다.

유다는 모든 그리스도인들이 친숙하게 알고 있는 세 이름들을 언급하고 있습니다. 이 사람들의 신원을 밝히십시오.

가인 <창세기 4장>

____

____

발람 <민수기 25:1-9>

____

____

고라 <민수기 16장>

____

____

유다는 그의 독자들에게 그들이 거짓 교사들에게 둘러싸여 이 가르침들을 받아들이도록 유혹을 받을지라도 하나님께서 그들을 미혹되지 않도록 지켜 주실 것을 상기시킴으로써 그의 편지를 마칩니다.

■ 유다서

1. 기록자 : 유다
(야고보의 형제며 예수 그리스도의 동생인 유다)

2. 기록연대 :
A.D. 65~80년 사이

3. 기록장소 :
어디서 기록했는지 알 수 없다(팔레스타인 지역의 밖에서 기록했을 가능성이 높다).

4. 기록대상 :
예수 그리스도를 믿는 모든 신자들

5. 핵심어 및 내용 :
유다서의 핵심어는 "싸움"과 "불경건함"이다. 유다가 이 서신서를 쓴 목적은 신자들로 하여금 그들에게 맡겨진 신앙을 지키기 위하여 악한 대적과 끝까지 싸우라고 격려하는 것이다. 유다는 신자들이 대항해야 하는 죄목들을 상세히 열거하였고 경건치 않은 모든 자들은 분명히 심판을 받는다고 확신한다.

NOTE

제 9 장 요한계시록

이 책은 도미시안 황제 하의 무서운 핍박의 기간 동안 사도요한에 의하여 기록되었습니다. 요한은 밧모섬에 유배 되었는데〈1:9〉 거기서 그는 아마도 광산에서 일하도록 되었던 같습니다. 어떤 그리스도인들은 죽임을 당했으며 다른 이들은 잔인하고 악명 높았던 도미시안 황제에 의해서 감옥에 갇혔습니다. 이 끔찍한 유배의 기간 동안 요한은 우리가 계시록이라고 부르는 환상들을 받았던 것입니다.

이 책은 이 극심한 핍박 동안 그리스도인들을 격려하기 위해 기록되었습니다. 이 책 안에 사용된 여러 가지 상징들은 그리스도인들에 대한 핍박을 더욱 증가시킬 구실을 찾고 있던 로마 관리들에게는 의미가 없는 것이겠지만 믿는 자들에게 주는 그 메시지는 분명한 것이었으니 그것은 ---- 그리스도는 주시며 그분은 공의를 행하기 위하여 오신다는 것입니다. 현재의 상황에도 불구하고 그리스도인들의 미래는 영광스러울 것입니다.

사도요한
밧모섬 감옥에서 계시록을 기록하는 사도 요한
작품명 St John the Evangelist at Patmos-VELAZQUEZ, Diego (1618)

제47주 요한계시록 서론 및 1장

이 책은 도미시안 황제 하의 무서운 핍박의 기간 동안 사도요한에 의하여 기록되었습니다. 요한은 밧모섬에 유배 되었는데 <1:9> 거기서 그는 아마도 광산에서 일하도록 되었던 같습니다. 어떤 그리스도인들은 죽임을 당했으며 다른 이들은 잔인하고 악명 높았던 도미시안 황제에 의해서 감옥에 갇혔습니다. 이 끔찍한 유배의 기간 동안 요한은 우리가 계시록이라고 부르는 환상들을 받았던 것입니다.

이 책은 이 극심한 핍박 동안 그리스도인들을 격려하기 위해 기록되었습니다. 이 책 안에 사용된 여러 가지 상징들은 그리스도인들에 대한 핍박을 더욱 증가시킬 구실을 찾고 있던 로마 관리들에게는 의미가 없는 것이겠지만 믿는 자들에게 주는 그 메시지는 분명한 것이었으니 그것은 ---- 그리스도는 주시며 그분은 공의를 행하기 위하여 오신다는 것입니다. 현재의 상황에도 불구하고 그리스도인들의 미래는 영광스러울 것입니다.

우리가 이제 6과에 걸쳐 하는 연구는 요한계시록에 나오는 모든 환상들을 전부 해석하려는 것이 아닙니다. 그들 중 많은 것이 아직도 충분히 이해될 수 없는 것이 분명합니다.

다니엘서 12:9에 의하면 미래의 예언들은 언제 드러날 것입니까?

____

____

그러나 이 책을 해석하는데 있어서 사용된 방법은 그 메시지를 오늘날 우리들에게 분명히 결정지어 줍니다. 거기엔 네 가지 현대적인 관점이 있습니다.

(1) 동시대사 학파 : 이 관점은 이 책에 나오는 사건들은 요한의 시대를 기술하는 것이며 그것은 모두 초기 교회 역사에서 모두 이루어졌다고 가르칩니다.
"동시대사 학파(Preterist)"란 말은 단순히 "과거"를 의미합니다.

(2) 교회사 학파 : 이 관점은 요한계시록에 나오는 모든 사건들은 교회사 기간 동안 발생한 것이라고 말합니다. 이 관점을 주장하는 사람들은 이 책에 나오는 환상들과 로마 교황의 등장과 부패 등의 상징으로 봅니다.

(3) 영해파 : 이 관점은 계시록에 나오는 모든 것은 상징적이거나 비유적으로만 받아들여져야 하며 문자적으로 받아들이지 않아야 한다고 주장합니다. 그것은 계시록을 선과 악의 오래된 투쟁의 우화로 그리고 있습니다.

(4) 미래학파 : 이 관점은 4장부터 나오는 모든 사건은 미래의 시제라고 가르칩니다. 미래학파의 해석은 "보수파"라고 불리우는 대부분의 그리스도인들에 의해 받아들여지고 있습니다. 이것은 더욱 문자적인 접근입니다. 이 접근을 따를 때 이 책의 대부분의 것들은 이제 일어나야 한다고 결론지어야 합니다. 역사상 어떠한 심판도 6, 8, 9장과 16장에 묘사된 것과 같은 것은 없었습니다. 분명히 이러한 심판들과 부활과 19장에 기술된 예수님의 재림은 아직도 일어나지 않았습니다.

우리는 그리스도인으로서 성경을 가능한한 문자적으로 해석해야 할 의무를 갖고 있기 때문에 이 계시록의 과목들에서 미래학파의 해석이 사용되어질 것입니다. 성경의 문맥이 분명히 시적이거

■ 요한계시록

1. 기록자 : 사도 요한
2. 기록연대 : A.D. 90~96년 사이
3. 기록장소 : 에게 해에 있는 밧모섬
4. 기록대상 : 소아시아에 있는 7교회(현대 터키지방)
5. 핵심어 및 내용 :

요한계시록의 핵심어는 "계시"와 "예수 그리스도"와 "일곱"이다. 이 책은 예수 그리스도의 온전한 인격에 대해서 철저하게 밝혀 드러내 주고 있다. 그분은 큰 권능과 지혜를 가지고 영광 가운데 임하실 것이다. 또한 그분은 알파요 오메가이신 하나님의 어린양으로서 은혜를 베푸시기 위하여 다시 오실 뿐만 아니라 이 세상을 심판하시고 완전한 하나님의 나라를 세우실 것이다. 그리고 요한계시록에서는 몇몇의 숫자는 중요한 상징을 나타낸다. 그 가운데에서도 일곱이라는 숫자가 두르러진다. 즉 일곱 편지, 일곱 인, 일곱 나팔, 일곱 표적, 일곱 재앙, 진노의 일곱 대접, 새로운 일곱 일 등이다.

나 또는 단순히 문자적인 해석을 담고 있지 않는 경우 외에는 만일 그것이 어떠한 실제의 의미를 갖고 있다면 그것은 반드시 문자적으로 받아들여져야 합니다.

요한계시록에서 사용된 해석의 관점에도 불구하고 우리는 이 책의 메시지를 놓치지 않도록 주의해야 합니다. 한편으로는 모든 오늘날의 사건은 반드시 해석되어야 하며 어느 곳엔가 삽입되어야 함을 통해 사건들의 시간표로 축소시켜 버릴 위험이 있습니다. 반면에 우리는 이 책의 부분들을 단순한 공상이나 신비로 떨어뜨리지 않도록 조심해야 합니다.

양 극단으로부터 경계하기 위하여 해석상의 몇 가지 기본적인 규칙이 반드시 따라야 합니다.

1) 첫째로 이 책은 구약에 뿌리를 둔 것입니다. 그러므로 우리는 구약에서 여러 종류의 수 많은 상징들과 문맥들의 의미의 실마리를 찾을 것입니다.

2) 불명료한 문맥들은 언제나 분명한 문맥에 비추어 해석되어야 하며 그 반대로 하면 안됩니다.

3) 이것은 대부분 환상의 책입니다. 그러므로 요한은 세부적인 사항에 지나치게 관여하지 않고 그의 환상의 주요 핵심을 내어 비추고 있습니다.

우리는 언제나 환상을 우리가 비유를 다룸과 같이 해야 합니다. ---- 즉 세부 사항을 파고 들어가기 보다는 주요 가르침을 찾아야 합니다.

4) 활동의 장소를 찾아내야 합니다. 그 장면이 천국에서 일어나고 있는 것인지 또는 지상에서 일어나고 있는지를 마음에 두지 않는다면 계시록의 연구는 혼돈을 초래할 것입니다.

5) 이 책의 사건들은 연대적인 순서로 된 사건들로써 받아들여질 필요는 없습니다. 만일 어떤 사람이 연대적인 순서를 따르기를 기대한다면 이 책은 이해하기가 불가능할 것입니다. 동양적 사고는 서양적 사고처럼 거의 연대기에 집착하지 않으며 하나님은 분명히 계시록을 단지 서양적 사고를 가진 이들 만을 위해 기록하지 않으셨습니다.

이러한 기본적인 원칙들을 마음에 두고 이제 함께 요한계시록을 보겠습니다.

요한계시록의 간략한 개요 :

Ⅰ. "네 본 것" <제 1 장>

Ⅱ. "이제 있는 일" <제 2-3 장>

Ⅲ. "장차 될 일" <제 4-22 장>

****

Ⅰ. "네 본 것" <제 1 장>

요한계시록은 아시아에 있는 일곱 교회에 보낸 것입니다.<1:4>

우리는 여기서 일세기 말 경에는 이미 개 교회들이 그들 각자의 사역자와 집사들을 갖고 있음을 발견합니다.

1:7을 보시고 그리스도는 어떠한 방법으로 다시 오시며 얼마나 많은 사람들이 그것을 알게 될 것인가를 기술하십시오.

____

____

1:12에서 요한은 일곱 금촛대를 보았는데 그것은 그에게 성막

과 성전 안에 서있던 금촛대를 아주 잘 상기시켜 줄 수 있는 것이었습니다.
촛대가 성막과 성전 안에서 어두움을 밝혔던 것처럼 요한이 보았던 촛대도 복음으로써 세상을 비추기 위한 것이었습니다.

1:20에 의하면 촛대는 무엇을 나타냅니까?

____

____

1:13에서 교회의 가운데 인자 같은 이가 있음을 우리는 발견합니다. 이것은 지금 예수님이 어디에 계신지를 우리에게 말해주는데 ---- 그분은 그분의 교회 가운데 계신 것입니다. 그분은 "두 세 사람이 내 이름으로 모인 곳에는 나도 그들 중에 있느리라"고 말씀하셨습니다.<마 18:20>

1:13-16에서 인자에 대한 묘사가 나와 있습니다. 이전 시대와 지금도 세계의 어느 곳에서는 기다린 예복이 위엄과 영광의 증표입니다. 구약에서 제사장의 위엄은 13절에 언급된 예복의 본질에 의해서 특징지어집니다. '금띠' 는 봉사의 상징입니다.

1;14에서 그 머리와 털의 희기가 흰 양철과 눈 같다고 우리에게 말씀합니다. 흰머리는 무엇을 나타낸다고 생각하십니까?

____

____

그의 눈은 불꽃같다고 했습니다<1;14>. 이것은 모든 것을 꿰뚫어 보는 통찰력과 비밀을 읽고 감추인 것들을 빛으로 가져오며 모든 마음을 한 눈에 살피는 능력을 보여줍니다. 이것은 마지막 날에 우리를 시험하는 눈인 것입니다.

그의 발은 풀무에 단련한 빛난 주석 같다고 했습니다<1:15>. 이것은 그분의 지상의 삶에서 그분이 체험하신 시련을 가리키는데 그것은 그분을 모든 것을 아시고 체험하신 재판장이 되게 한 것이었습니다. 주석으로 된 발은 또한 힘과 안정성을 나타내 줍니다. 그분의 음성은 많은 물소리와 같다고 했는데<1:15>, 그것은 권세를 나타내 줍니다.

1:16에서 그분의 그의 오른손에 일곱 별을 가졌다고 말씀합니다. 이 일곱 별은 교회의 사자들입니다<1:20>. 사자란 말은 "전달자"를 의미합니다. 그러므로 이 사자들은 교회의 설교자 혹은 목회자입니다. 오른손 안에 있는 것은 목회자의 신성의 부르심과 관계 있는 것입니다. 그것은 목회자가 하나님께 더 가까이 있다는 것을 의미하는 것이 아니라 그는 하나님의 뜻 안에서 교회를 인도해야 한다는 것입니다.

요한계시록 1:16을 히브리서 4:12과 비교해 볼 때 좌우에 날 선 검은 무엇을 나타냅니까?

____

그분의 얼굴은 해가 힘 있게 비추는 것 같습니다<1:16>.

이것은 사도행전 9:3-9에서 다메섹 도상에서 다소의 사울의 체험과 어떻게 비교 됩니까?

____

____

____

이 환상은 요한이 바라 보기에는 너무도 감당하기 힘든 것이었으므로 그는 그 인자의 발 앞에 엎드려져 죽은 자 같이 되었습니다<1:17>.

당신은 그분의 모든 영광의 광채와 위엄 가운데 계신 예수님의 임재 안에서 어떻게 반응하시겠습니까?

제48주 요한계시록2~3장 이제 있는 일

Ⅱ. "이제 있는 일" <제 2-3 장>

2장과 3장에서 편지가 보내진 일곱 교회들은 여러 면에서 중요한 뜻을 갖고 있습니다. 무엇보다 먼저 요한이 글을 쓸 때에 이들은 언급된 도시들에 존재하던 실제의 교회들이었습니다. 그들은 분명히 그 당시의 가장 뛰어난 교회들은 아니었는데, 왜냐하면 성경에서 이미 앞서 언급된 것은 오직 둘 뿐이기 때문입니다.

이 둘은 어떤 교회입니까?

1.(에베소서 1:1) ______________ 2.(골로새서 2:1) ______________

그 위에 이 일곱 교회들은 그 당시 뿐만 아니라 그 이후 모든 교회들의 대표자격이 되는 것입니다. 고린도전서와 고린도후서가 고린도에 있는 교회에 씌어졌음에도 불구하고 모든 시대, 모든 곳에 있는 모든 교회들에게 주는 메시지를 갖고 있음과 같이 이 편지들은 과거와 현재와 미래의 교회들을 위한 것입니다.

왜 **일곱** 교회들에 보내졌을까요? 일곱이란 신성한 숫자로서 충만함과 온전함을 언급하고 있습니다. 그러므로 이 일곱 교회들은 **모든** 시대의 **모든** 교회들을 대표하고 있습니다.

왜 예수님은 로마와 예루살렘과 안디옥과 또는 고린도에 있는 것들과 같은 더욱 뛰어난 몇몇 교회들에게 이 편지들을 보내지 않으셨을까요?

왜냐하면 그분이 선택하신 이 일곱 개의 특수한 교회들은 그리스도께서 온 세대에 걸쳐 그분의 모든 교회들에서 발견하시는 영적인 성격들을 그들 안에 갖고 있기 때문입니다. 그러므로 이 일곱 교회들을 통하여 그리스도께서는 일세기부터 마지막날까지의 교회의 영적 상태를 설명하십니다.

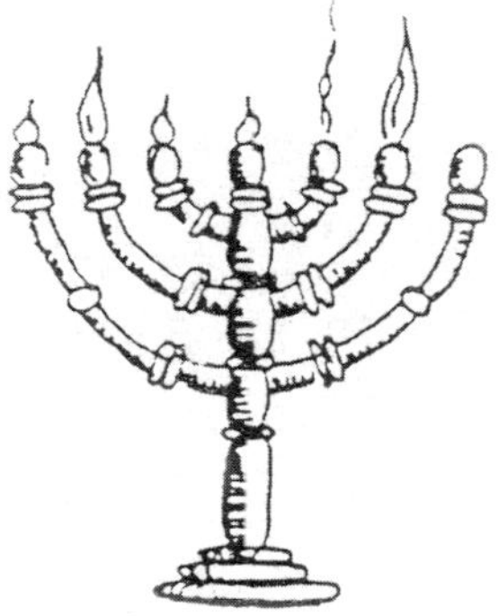

이제 함께 간략히 이 일곱 교회들을 보겠습니다.

1. 에베소 교회〈2:1-7〉

에베소는 편지가 보내진 첫 번째 교회입니다. 에베소라는 이름은 "바람직한 자"라는 의미입니다. 우리의 주님은 이 교회를 여러 가지 일들로 인해 칭찬하십니다. : 그들의 행위와 수고와 그들의 인내, 또는 견딤뿐만 아니라 그들의 분별력과 거짓 교사들을 용납지 아니함〈2:2〉.

에베소 교회가 비록 밖에서 보기에는 훌륭했지만 우리 주님의 예리하고 꿰뚫어 보시는 불꽃같은 눈은 이 교회 안의 실책을 발견하십니다. 요한계시록 2:4에서 우리 주님은 그들에게 무엇을 책망하십니까?

____

____

그리스도를 위한 그들의 봉사는 기계적이 된 것이 드러납니다. 그들의 경건은 판에 박힌 것이었습니다. 그들은 그들의 열정을 잃어버렸으며 차갑고 형식적이 되었습니다. 이것은 오늘날 우리에게 어떤 경고를 주고 있습니까?

____

____

2. 서머나 교회 〈2:8-11〉

서머나 도시는 에베소에서 북쪽으로 약 40마일 되는 곳에 위치하고 있습니다. 그것은 매우 애국적인 도시이며 그러므로 인해 티

베리우스 황제를 기념하는 첫 번째 로마 신전을 짓는 특권을 얻게 되었습니다. 아주 자연적으로 서머나는 신속히 황제 숭배의 원칙을 받아들였습니다. 수많은 그리스도인들이 이러한 형태의 황제 숭배에 참여하기를 거부했습니다 : 그러므로 그들은 핍박을 받았으며 심지어 처형을 당하는 데까지 이르렀던 것입니다.

그리스도는 또한 오늘날 우리들의 환난을 알고 계십니다. 그분은 그들이 충성된 그리스도인들임으로 말미암아 학교나 직장에서 조롱당하는 그들을 주목하고 계십니다. 그분은 부정한 사업의 행위나 혹은 속임수의 유혹에 참여하지 않음으로 인해 승진될 기회를 잃어버린 사람들을 알고 계십니다. 당신이 믿는 자로서 무리들과 함께 어울릴 수 없어 배척당함을 느낄 때 귀를 기울이십시오. 그러면 당신은 주 예수께서 나는 안다고 말씀하시는 것을 들으실 것입니다.

3. 버가모 교회 〈2;12-17〉

우리는 버가모가 어디에 위치하고 있었는가를 알 때에 이 구절들을 더욱 분명히 이해할 수 있습니다. 그것은 소 아시아의 수도였으며 그러므로 인해 왕실 관리들이 어디에나 있었습니다. 그들은 이 도시를 왕궁들과 신전들과 이방의 우상들로 가득 채웠습니다.

옥타비우스 황제의 신전이 버가모에 있었음으로 인해 황제 숭배가 성행하였습니다. 각 시민은 적어도 일년에 한 번은 반드시 향을 바쳐야 했으며 황제를 "주"라고 선포해야 했습니다. 또한 버가모에는 고대의 7대 불가사의 중 하나인 제우스 신전이 있었습니다. 그리스도께서 '거기는 사단의 위가 있는데' 라고 말씀하신 것은 당연한 일입니다! 버가모 교회를 칭찬하신 후 모든 것을 꿰뚫어 보시는 예수님의 눈은 그들의 죄악을 밝히 드러 내십니다. 버가모 교회에서는 그분이 미워하시는 두 거짓 교리들이 성행했습

니다. 그것들은 무엇입니까? <2:14-15>

1.____________________ 2.____________________

발람의 교훈은 이방 여인들을 사용하여 이스라엘 남자들을 꾀어 성적인 죄를 짓게 함으로 하나님의 백성들을 타락시킨 발람에 관한 언급입니다<민수기 22-25장>. 그것은 세상과 타협하는 것에 대한 가르침입니다.

아무도 니골라당의 교훈이 무엇을 언급하는지에 대해 확실히 말할 수 있는 사람은 없지만 헬라어는 문자적으로 “평신도 - 정복자”를 의미합니다. 어떤 이들은 이것이 요한의 시대에 특별한 신성의 권세를 갖고 있다고 주장하는 어떤 거짓 교사들의 교리에 대해 언급하는 것이라고 믿고 있습니다. 그들은 신자들과 그들의 소유를 지배함으로써 요한과 같은 진정한 사도의 지도력을 대치시키려 하였습니다. 니골라주의가 무엇인지 확실히 아는 사람이 없음에도 불구하고 한 가지 우리가 아는 것은 그리스도께서 그것을 싫어하신다는 것입니다.

버가모 교회에 보내는 편지는 하나님의 목적은 그분의 자녀들을, 그것이 도덕적이건 교리적이건 간에, 모든 악과 모든 세상과의 타협으로부터 분리시키는 것이라는 사실을 모든 시대의 그리스도인들에게 상기시켜 줍니다.

4. 두아디라 교회 <2:18-29>

우리가 그에 관해 가장 적게 알고 있는 교회인 두아디라 교회에 보내는 편지가 일곱 편지 중 가장 길다고 하는 것은 이상한 일입니다. 그러므로 거기의 상황을 재구성하는 것은 매우 어려운 일입니다. 그곳은 외부로부터의 핍박의 위험은 없었지만 문제가 교회 내부에 있었던 것을 우리는 압니다. 교회 안에는 ‘이세벨’이라고 불리우는 여인이 있었는데 그녀는 교회를 간음하도록 이끌었습니다. 22절에 언급된 간음은 아마도 영적 간음을 의미하는 것 같습니다.

영성을 장려시킨다는 허울아래 두아디라의 '이세벨'은 거룩함과 교리를 타락시키는 반면 육성과 타협을 조장했습니다. 그녀는 실제로 자신을 여선지자로 세우고 가르치며 미혹했습니다.〈2:20〉

이것은 하나님의 말씀을 연구하는 것을 통해서 사람들로 하여금 주 예수보다는 그를 따르게끔 한 거짓 지도자를 가진 교회입니다.

5. 사데 교회 〈3;1-6〉

사데 도시는 고대 리디아의 수도였으며 두아디라에서 남동쪽으로 약 30마일 되는 곳에 있었습니다. 요한의 시대에 과거의 정치적, 경제적 명성이 잔존하는 부유하고 악명 높은 도시로 알려졌습니다. 분명히 사데 교회는 그 도시와 같아진 것입니다.

사데 교회에 주님은 '그 옷을 더럽히지 아니한 자 몇 명이 네게 있다'고 말씀하십니다.〈3:4〉 다른 말로 하면 충성되이 남아 있는 자가 단지 몇 명 밖에 안 된다고 하는 것입니다.

사데 그리스도인의 문제는 두아디라 신자들과 같이 거짓 교리에 관한 것도 아니요 서머나 교회와 같이 반대와 핍박에 관한 것도 아닙니다. 대신에 사데 교회는 과거의 명성 위에 살고 있었습니다. 그들이 그리스도를 위해 했던 훌륭한 일들은 오래 전 지나가 버린 것이었습니다.

6. 빌라델비아 교회 〈3:7-13〉

이 교회는 일곱 교회 중 서머나 교회와 함께〈2:8-11〉 단 한 마디의 책망도 받지 않은 두 교회 주의 하나입니다. '빌라델비아'라는 이름은 "형제 사랑"을 뜻합니다. 그 이름은 모든 세대의 어떤 교회들의 성격을 갖고 있음으로 인해 우리 주님에 의해서 선택된 것입니다. 그러므로 그것은 그 원래의 독자들만이 아닌 모든 시대의 교회들과 신자들에게 주는 특별한 메시지를 갖고 있습니다.

그것은 위대한 사명을 수행하기 위하여 애쓰는 충성되고 복음적이고 선교하는 교회를 대표하고 있습니다. 그것은 또한 복음을 증거할 위대한 기회를 갖고 있는 교회입니다. 요한계시록 3:8은 이 사실을 어떻게 언급하고 있습니까?

______

______

7. 라오디게아 교회 〈3:14-22〉

라오디게아 교회에는 주님으로부터 단 한 마디의 칭찬도 없습니다. 이 교회는 분명히 주님께 모든 교회들 중 가장 실망을 주는 교회인데 왜냐하면 그분은 그 교회가 너무나 괴로워서 토해버릴 지경까지 되셨기 때문입니다. 〈3:16〉

우리 주님은 이 교회를 위해 어떠한 책망을 하십니까?〈3:15-16〉

______

이것은 분명히 물질적인 자원은 많았지만 다른 교회들이 훨씬 더 적은 것으로 이룬 것조차도 하지 않는 교회입니다.

우리는 이제 요한계시록에 언급된 모든 일곱 교회들을 다루었습니다. 당신은 어떤 것이 오늘날 그리스도 교회에 가장 흡사하다고 생각하십니까?

______

왜 당신은 그렇게 생각하십니까?

______

제49주 요한계시록4~6장 장차될 일

요한계시록 4장을 그린 상상화

6 보좌 앞에 수정과 같은 유리 바다가 있고 보좌 가운데와 보좌 주위에 네 생물이 있는데 앞뒤에 눈이 가득하더라
7 그 첫째 생물은 사자 같고 그 둘째 생물은 송아지 같고 그 셋째 생물은 얼굴이 사람 같고 그 넷째 생물은 날아가는 독수리 같은데
8 네 생물이 각각 여섯 날개가 있고 그 안과 주위에 눈이 가득하더라 그들이 밤낮 쉬지 않고 이르기를 거룩하다 거룩하다 거룩하다 주 하나님 곧 전능하신 이여 전에도 계셨고 이제도 계시고 장차 오실 자라 하고
9 그 생물들이 영광과 존귀와 감사를 보좌에 앉으사 세세토록 사시는 이에게 돌릴 때에
10 이십사 장로들이 보좌에 앉으신 이 앞에 엎드려 세세토록 사시는 이에게 경배하고 자기의 면류관을 보좌 앞에 던지며 가로되
11 우리 주 하나님이여 영광과 존귀와 능력을 받으시는 것이 합당하오니 주께서 만물을 지으신지라 만물이 주의 뜻대로 있었고 또 지으심을 받았나이다 하더라

작품 Vision of St. John the Evangelist(1360) - ALBEREGNO, Jacobell

Ⅲ. "장차 될 일" <제 4-22 장>

요한계시록 4장에서 우리는 계시록 1:19에 약술한 것 같이 이 책의 세 번째이자 마지막 부분에 오게 됩니다.

1. "네 본 것"
2. "이제 있는 일"
3. "장차 될 일"

우리는 이 책의 셋째 부분을 장별로 연구할 것입니다.

4장 :

4장의 시작에서 우리는 시대의 마지막 완성으로 들어가는데 그것은 그의 백성들이 들림 받아 떠나간 후 이 지상에 부어지는 놀라운 하나님의 심판의 기간입니다.

4장까지 교회는 역사를 보시는 하나님의 관점에 있어서 중심의 위치를 차지하였습니다. 그러나 3장의 마지막에서 교회는 사라지고 19장까지 다시는 언급되지 않는데 그 때에 우리는 시대의 마지막에 있는 교회를 보게 됩니다. 거기에서 교회는 그리스도의 신부로 언급되며 하늘에서 어린 양의 혼인잔치에 참여를 합니다.<19:7-10>

어떻게 교회가 천국으로 가게 될까요?

요한계시록 4:1, 고린도전서 15:51-52, 데살로니가전서 4:16-

17, 그리고 마태복음 24:36-41을 연구하셔서 당신의 설명을 아래에 기록하십시오.

____

____

____

____

요한계시록의 나머지는 하나님께서 그의 백성들을 데려가신 후 이 지상에 심판을 쏟아 부시는 두렵고도 끔직한 기간에 대한 기술입니다. 4장에서 시작되는 이 심판의 기간을 대환난이라고 불리어집니다.

요한계시록 4:2-3절 상반절에 나오는 벽옥과 홍보석의 의미는 무엇입니까?<출애굽기 28:15-21을 보십시오>

____

____

____

성소에서 대제사장이 가는 곳에는 어디에서나 그는 이 보석들을 단 옷을 입었는데 그것은 모든 하나님의 자녀들을 대표하는 것이요 그의 가슴에 닮으로써 하나님의 심판을 멈추게 하기 위함인 것입니다. 이것은 그들의 안전이었습니다.

누가 오늘날 우리를 위하여 중보의 사역을 하십니까? <딤전 2:5>

____

요한계시록 4장 3절 하반절을 보십시오. 무지개는 무엇을 내포합니까? 이것을 찾아내기 위해서 우리는 반드시 "첫번째 언급의 법칙"을 주목해야 하는데 그것은 성경을 해석하는데 있어서 사용해야 하는 중요한 법칙입니다. 이 법칙은 "성경에서 첫 번째로 어떠한 말과 사건과 구절이 나타나는 것이 성경의 다른 곳에서 그것의 의미에 열쇠를 준다"는 것입니다.

요한계시록 4장 3절 하반절에 나오는 무지개의 의미를 찾기 위하여 이 법칙을 함께 사용해 봅시다. 첫 번째로 무지개에 대한 언급을 발견하는 것은 창세기 9:12-16입니다. 그것은 하나님께서 이 땅과 맺은 언약일 뿐만 아니라 노아와 맺은 언약이었습니다. 폭풍우와 태양은 무지개를 만들기 위하여 요구되는 것이지만 무지개는 언제나 폭풍우가 지나간 후에 나타납니다. 이것이 정확히 요한계시록 4장에서 일어난 것입니다. --- 지상의 구속은 왔습니다. 그러므로 교회의 폭풍은 끝이 났고 새 날은 밝았습니다. 이것이 요한이 보좌에 둘린 무지개를 보게된 이유입니다.

4-11절은 하나님의 능력과 영광과 성실하심을 상징합니다. 24 장로들은 모든 하나님의 충성된 사람들을 대표하며 네 짐승들은 아마도 모든 피조물들을 상징하는 것 같습니다. 모두가 하나님께 존귀와 찬양을 드리기 위하여 함께 모였습니다.<8절과 11절>

5장 :

5장은 요한계시록의 대부분이 일곱 인봉한 책과 그 내용을 다루고 있기 때문에 매우 중요한 장입니다. 성경에 나오는 "책"이란 단어는 오늘날 우리가 갖고 있는 책을 언급하는 것이 아님을 기억하십시오. 실제로 '책'은 두루마리 문서입니다.

5장에 나오는 책이나 두루마리 문서를 이해하기 위하여 우리는 반드시 레위기 25장으로 돌아가야 합니다. 이 규정에서는 세 가지에 대한 기업 무르기를 다루는 법칙이 있는데 그것은 : 아내, 종, 그리고 소유 혹은 토지입니다. 요한계시록 5장에 나타난 것은 토지 무르기입니다.

고대 히브리인들이 가난이나 역경 때문에 토지의 소유를 잃을 때는 문서가 씌어졌습니다. 이 문서는 토지를 상실한 이유를 설명하고는 인봉했습니다.

성경의 시대에서 문서를 인봉하는 것은 일상적인 행위였습니다. 로마 황제의 뜻은 때때로 일곱인으로 봉해졌습니다. 그 문서는 후에 인들이 떼어짐에 따라 한번에 한 부분씩 읽어졌습니다. 문서의 인봉은 가정의 사적 비밀 보장을 위하여 그리고 공인되지 않은 사람이 변경하거나 그 내용을 읽지 못하게 하기 위하여 행해졌습니다.

히브리인들은 기업 무르기, 다시 사는 것, 문서 외의 잃어버린 땅을 기록했습니다. 기업무를 자격이 있는 자를 찾았을 때와 기업무를 요구 조건이 충족되었을 때 그 기업이 주어진 사람은 그것을 원래의 소유자나 혹은 그의 후손들에게 반드시 돌려 주어야만 했습니다.

그러므로 하늘에 있는 일곱인은 인간의 잃어버린 기업을 대표하는 것이어야 합니다. 그것은 이 지구에 대한 땅 문서이며 그것은 아담에게 주어졌으나 죄 때문에 사탄에게 잃어버린 것입니다. 사탄은 지금 지상에서 공중의 세력을 잡은 자입니다. 그러나 지구는 합법적으로 아담의 후손에게 속한 것임으로 인류를 위하여 지구를 되찾기 위해서는 반드시 기업무를 자격이 있는 자가 나타나야 합니다.

일곱 인봉된 책을 열기 위하여 합당한 자로 누가 나타났습니까?
<5:5–6:1>

6장 :

6-19장에서 우리는 이 세상이 경험할 최악의 환난의 장면을 보게 됩니다.<마24:21-28>6장에서 기업무를 친족으로서 문서의 첫 번째 인을 떼자 지상에 심판이 시작됩니다. 요한계시록의 22장 중 14장이 이 끔직한 기간을 묘사하고 있습니다.

1) 첫째 인 --- 흰 말 <6:1-2>. 첫째 인이 떼어지고 흰 말이 나옵니다. 흰 말은 평화와 승리의 상징입니다. 그 말 위에 탄 자는 적그리스도로서 그는 활을 가졌으나 화살은 없는데 그것은 그가 외교적인 수완으로써 이 세상에 평화를 가져올 것을 의미합니다. 그는 평화의 황금시대가 왔다는 것을 세상에 확신시킬 것입니다. 그리고 나서 그는 의심하지 않고 있던 세상을 전쟁으로 이끌어 갈 것입니다.

2) 둘째 인 --- 붉은 말 <6:3-4>. 붉은 말은 전쟁을 대표합니다. 평화의 기간은 깨어질 것이며 온 세상은 온 시대의 최대의 전쟁으로 들어가게 될 것입니다.

3) 셋째 인 --- 검은 말 <6:5-6>. 검은 말은 기근을 상징하는데 그것은 언제나 전쟁을 가져옵니다. 말탄 자는 그의 손에 저울을 가지고 있는데 그것은 극심한 결핍 때문에 반드시 모든 것을 저울에 달아야 함을 가리킵니다.

4) 넷째 인 --- 청황색 말 <6:7-8>. 청황색 말 위에 탄 자의 이름은 무엇이며 무엇을 할 수 있는 능력이 그에게 주어졌습니까? <6:8>

____

____

요한계시록 6:1-8에서 이 네 말들 위에 탄 자들은 "계시록의 네 명의 말탄 자"로 불리웁니다.

5) 다섯째 인 --- <6:9-11> 이 인을 뗄 때 장면은 갑자기 이 땅에서 하늘로 바뀌어집니다. 이것은 인들 중 설명하기 가장 힘든 것입니다. 여기에서 성도들의 언어는 그리스도인으로서 우리에게 낯선 것이지만 우리는 그들이 그 기간의 지배적인 원칙에 따라 기도할 것이라는 사실을 반드시 기억해야 합니다.

6) 여섯째 인 --- <6:12-17> 이 인은 지상과 하늘에서의 물리적인 현상을 다루고 있습니다. 만일 당신이 마태복음 24장을 자세히 읽으시면 당신은 요한계시록의 넓은 윤곽을 발견하실 것입니다. 이 여섯째 인은 마태복음 24:29에 기술되어 있습니다.

이 끔직한 재난이 발생했을 때 모든 종류의 사람들은 어떻게 합니까? <6:15-17>

____

____

____

6장은 하나님을 거부하는 자에 대한 하나님의 파괴적인 능력과 그분의 구원의 계획을 분명히 드러내줍니다. 그것은 다음과 같은 질문으로 끝납니다. : "누가 능히 서리요?" 그리고 그것은 다음 장에서 대답되어 집니다.

제50주 요한계시록 7~9장

7장 :

7장은 여섯째 인과 일곱째 인사이의 삽입 또는 막간입니다. 8장에서 일곱째 인이 떼어질 때 거기엔 무섭고도 파괴적인 심판의 시작이 있게 될 것입니다. "... 그 날들을 감하지 아니할 것이면 모든 육체가 구원을 얻지 못할 것이다..." <마 24:22>

환난의 심판은 이 충성된 자들이 인을 맞을 때까지 잠시 동안 정지됩니다. 그리고 나서 그들은 환난의 남은 기간 동안 전도자의 일을 할 것입니다.

요한계시록에 나오는 이 144.000은 누구입니까?

이 144,000에 관한 널리 퍼진 혼돈으로 인해 우리는 반드시 시간을 내어 그들을 자세히 조사해 보아야 합니다. 수 많은 종교 단체들이 오랜 세월에 걸쳐 그들이 144,000이라고 주장해 왔지만 그들 어느 누구도 그들이 12지파의 하나인 신분을 입증할 수 없었습니다.

그러나 만일 우리가 성경이 스스로 말씀하게 한다면 이 144,000은 유대인들임을 분명히 알 수 있습니다.<7:4> 그것은 이스라엘이 한 동안 그 신분을 잃어버렸던 것은 하나님의 계획 중의 한 부분입니다. 오늘은 이 세상에는 그가 어느 지파에서 나왔는지를 아는 유대인들은 하나도 없습니다. 만일 일시적으로 잃어버린 족보의 기록이 발견되면 열두지파의 신분은 간단하게 될 것입니다. 서기 70년 이스라엘의 멸망까지 구약시대 동안 보존되었던 유대인의 기록들은 이 세상의 모든 백성들의 것 중 가장 복잡하고도 정확한 것이었습니다. 비록 오늘날 어떤 유대인도 그가 어느 지파에서 나왔는지를 모른다 할지라도 하나님은 아십니다. 하나님은 이 세상의 역사와 이스라엘의 12지파의 완전한 기록들 갖고 계십니다.

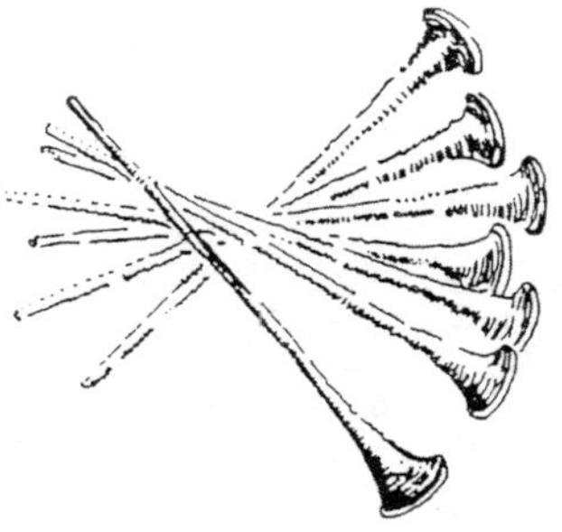

주님은 유대인을 버리지 않으셨습니다.

선지자들은 모두가 유대인이며 우리의 주님도 유대인이며 또한 모든 사도들도 유대인임을 우리는 결코 잊지 말아야 합니다. 그리고 오늘날 이 세상에는 수많은 정통파 유대인들이 아직도 진지하게 메시야의 오심을 기대하고 있습니다. 교회가 이 지상으로부터 사라진 후 하나님은 수많은 그들의 눈에서 베일을 벗기시므로 그들은 예수 그리스도를 참 메시야로 받아들일 것입니다.

로마서 11:25-26에서 바울은 이스라엘의 영적 회복에 관하여 어떻게 말했습니까?

8장 :

일곱째 인

8:1에 기록된 일곱째 인의 개봉은 일곱 나팔의 심판을 선도해 주는데 그것은 마지막 극적 사건을 연출하는 것입니다. 일곱 나팔은 인들에 이어 연속으로 따라 나오는 것이 아니라 일곱 인의 한 부분인 것입니다. 이 일곱째 인은 14부분으로 되어 있는데 -- 그것은 일곱 나팔과 일곱 진노의 대접입니다.

일곱 인의 두루마리 문서는 이제 보좌 위에 계신 이의 손에서 완전히 열어졌습니다.

첫째 나팔

첫째 천사가 그의 나팔을 불 때 어떤 일이 생겼습니까? <8:7>

둘째 나팔

둘째 천사가 나팔을 불 때<8:8-9>바다 가운데 생명 가진 피조물들의 삼분의 일을 죽이고 배들의 삼분의 일을 깨뜨리며 바다의 삼분의 일이 피가 될 것입니다. 어떤 학자들은 8절에 나오는 거대한 불붙는 산은 거대한 운석이나 또는 적군의 배의 함대를 겨냥하여 명중된 핵 미사일일 것이라고 믿습니다.

셋째 나팔

셋째 천사가 나팔을 불 때 어떤 일이 일어납니까? <8:10-11>

쑥은 헬라 철인 APSINTHOS(앞신토스)의 번역인데 여기에서 우리는 초록색의 쓰디쓴 독성이 있는 풀인 absinth란 영어 단어를 얻게 되었습니다. 강들에 이 쑥이 떨어질 때 어떤 일이 일어납니까? <8:10-11>

넷째 나팔

이 땅과 바다와 강들에 영향을 주었던 첫 세 나팔들의 심판과는 대조적으로 넷째 나팔을 하늘에 영향을 줍니다. 넷째 천사가 나팔을 불 때 어떤 일이 벌어집니까? <8:12>

9장 :

다섯째 나팔

9:1에서 다섯째 나팔이 울리며 요한은 하늘에서 별 하나가 떨어진 것을 봅니다. 요한은 별이 떨어지는 것을 본 것이 아닙니다. 이 구절은 '땅에 떨어진 별 하나가 있다'고 기록되어 있습니다. 이 떨어진 별이 무저갱의 열쇠를 받았다고 성경은 말합니다. 무저갱은 심판날까지 보존된 타락한 영들을 가두어 논 흑암으로 보여집니다.<유다서 6절> 누가복음 8:31에서 예수님께서 거라사 지방의 귀신들린 자를 만나셨을 때 그 사람 안에 있던 귀신들은 예수님께서 그들을 '무저갱으로 들어가라 하지 마시도록' 부르짖었습니다. 이 '무저갱'이란 단어는 헬라 말로 '깊은 곳' 또는 '흑암'입니다. 이 무저갱은 분명히 하나님의 허락이 없이는 결코 그 곳에서 풀려나지 못하는 감옥인 것입니다.

이 무저갱으로부터 나온 짐승들은 무엇을 할 것입니까? <9:3-10>

9:11에서 그들은 그들 위에 왕이 있음을 선포하는데 그는 아바돈이요 아볼루온이라고 불리워집니다. 아바돈은 히브리 말로써 '파괴'란 뜻이요 아볼루온은 헬라 말로써 '파괴자'란 뜻입니다.

여섯째 나팔

여섯째 나팔 소리에<9:13> 심판은 계속됩니다. 요한계시록 6:8에서 넷째 인을 뗄 때에 세계 인구의 사분의 일이 멸망을 당합니다. 이제 여섯째 나팔 소리에 나머지 사분의 삼중 삼분의 일이 죽임을 당합니다. 이것을 다 합치면 세계 인구의 약 반 정도가 멸망을 당하는 것입니다.

그 년, 월, 일, 시는 무엇을 지시하는 것 같습니까? <9:15>

수많은 성경 연구가들은 9:17-19이 현대의 전쟁의 장면에 대한 요한의 묘사라고 믿고 있습니다. 그는 현대적인 무기를 묘사하기 위하여 그가 생각할 수 있는 가장 가까운 유사한 것을 창출해 내었던 것입니다. 어찌됐던 그것은 그것을 대적하는 모든 것들을 멸망시킬 수 있는 막강한 군사력의 무시무시한 그림입니다. 말들, 사자들과 뱀들 모두는 죽음의 전쟁을 말해줍니다.

이 심판의 결과로써 어떤 일이 일어납니까? <9:20-21>

사람들의 마음은 하나님께서 애굽에 10가지 재앙을 내리셨을 때의 바로의 마음과 정확히 똑같게 될 것입니다. -- 그들은 회개하지 않을 것입니다. 그것은 오늘날 우리가 살고 있는 세상과 같습니다. -- 세상은 쓰디쓴 종말까지 하나이시며 참되신 하나님을 거부하고 그 자신을 우상을 만들기를 좋아하며 그 자신의 행위의 표준을 세우고 있는 것입니다.

제51주 요한계시록 10~16장

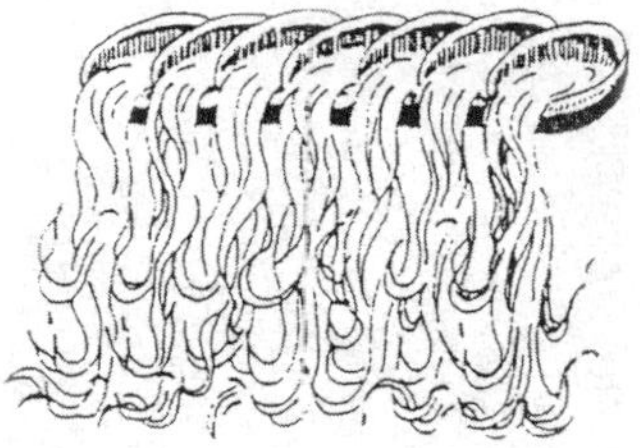

10장 :

이 장은 마치 여섯째 인과 일곱째 인 사이에 간격이 있었던 것같이 여섯째 나팔과 일곱째 나팔 사이의 정지 또는 막간을 묘사하고 있습니다.

하나님은 그의 마지막 심판을 연기하시지만 취소하지는 않으십니다. 1절에서 힘센 천사가 요한에게 세상을 향한 소식을 전달합니다. 요한은 하나님을 거부하는 사람들에게 그가 반드시 알려야 하는 이 소식으로부터 전혀 기쁨을 얻지 못합니다.

11장 :

이 장에서 우리는 하나님께서 유대인들에 관해 다루고 계시다는 데 어떠한 의문도 찾을 수 없습니다. 유대인의 성전은 재건되었고 유대민족은 거기에서 다시 예배를 드립니다.

적그리스도는 이 성전에서 어떤 일을 할 것입니까? <살후 2:3-4, 단 9:27, 마 24:15>

____

____

____

이 거룩한 성은 이방인들의 발 아래 얼마나 오랫동안 짓밟힐 것입니까? <계 11:2>

____

요한계시록 12장을 그린 상상화
하늘에 전쟁이 있으니 미가엘과 그의 사자들이 용으로 더불어 싸울새 용과 그의 사자들도 싸우나
8 이기지 못하여 다시 하늘에서 저희의 있을 곳을 얻지 못한지라
9 큰 용이 내어쫓기니 옛 뱀 곧 마귀라고도 하고 사단이라고도 하는 온 천하를 꾀는 자라 땅으로 내어쫓기니 그의 사자들도 저와 함께 내어쫓기니라
작품 St Michael and the Dragon-RAFFAELLO Sanzio(1505)

11:3에서 우리는 두 증인을 만납니다. 11:5-6에서 그들이 행하는 두 가지 기적은 구약에 나오는 어떠한 두 인물들을 우리에게 상기시켜 줍니까? <왕하1:10-14, 왕상17:1, 출7:19>

이 두 증인들에게 어떤 일이 일어났습니까? <11:7-10> 현대인의 번역 성경을 읽고 설명하십시오.

___

___

___

사람들이 전 세계에서 이 사건을 볼 수 있다고 하는 것은 텔레비전의 위성 중계의 사용을 암시해 주는 것입니다.

일곱째 나팔

11:15에서 일곱째 천사가 나팔을 불며 우리는 환난의 남은 기간 동안 어떤 일이 벌어질지 간략한 예고를 보게 됩니다.

11:19에서 요한은 하나님의 성전 안에 있는 무엇을 보았습니까?

___

언약궤는 이스라엘과 함께 하시는 하나님의 임재의 상징이며 야곱의 환난의 기간이 거의 끝났음을 암시해 줍니다.

12장 :

12장은 먼저 지상에서<1-6절>, 그리고 하늘에서<7-12절>, 그리고 나서는 지상에서 다시 있을 전재에 대한 묘사입니다.

이 장에서는 두 주요인물들이 나오는데 그것은 여자와 용입니다. 여자는 그로부터 메시야가 탄생하고<5절> 그를 통하여 교회가

탄생한<17절> 하나님의 택함 받은 백성을 나타내 줍니다.

용은 누구이며 그는 무엇을 하려고 합니까? <12:3-4,9>

____

____

13장 :

이 장에는 두 짐승이 나옵니다. 첫째 짐승은 바다에서 나오며 다니엘서 7장에 언급된 연속적인 세계 제국들을 대표하는 네 마리 짐승들의 복합체입니다. 그러나 이 세상의 권세자는 어떠한 역사적인 세상의 권세자를 훨씬 더 능가하는 <6-8절> 아직까지 존재하지 않았던 그러한 인물임이 분명합니다.

그러나 요한계시록 13:11-18에는 또 다른 짐승이 기술됩니다. 이 둘째 짐승의 목적은 첫째 짐승에 대한 경배를 선동하는데 있습니다. 어떤 때에도 그는 그 자신을 높이지 않습니다. <13:12>

이 둘째 짐승은 13:13-15에서 무엇을 하려고 합니까?

____

____

둘째 짐승은 사람들에게 표를 받도록 강요합니다. '표'란 말은 "새기다 또는 인을 찍다"를 의미합니다. 이 표가 없이는 그들은 사거나 팔 수 없게 됩니다. <13:16-17>

13:16-18에 의하면 이 표는 무엇입니까?

____

____

이 숫자의 정확한 의미를 확실히 아는 사람은 없지만 그것은 적그리스도를 입증하는 주요한 역할을 할 것입니다.

14장 :

이 장은 실제로 이 책의 나머지에 대한 언뜻 보는 축소판입니다. 그것은 마치 요한계시록의 나머지 부분에 대한 목차와 같습니다. 그것은 하나님 나라의 설립<1-5절>, 진노의 대접들<6-13절>, 그리고 아마겟돈 전쟁<14-20절>과 이후의 장들에서 우리가 상세하게 연구할 모든 것을 매우 간략하게 기술하고 있습니다.

이 장에 언급된 사람들은 13장에 나오는 짐승으로부터 핍박과 사망의 환난을 당했음이 분명합니다. 그들은 하나님의 위대하신 행동을 인하여 그분을 찬양하며 모세의 노래를 부릅니다. <계 15:3, 출 15:1>

15:5-8에서 요한은 하늘의 성전으로부터 일곱 천사가 나옴을 봅니다. 그들은 하나님의 진노가 가득한 일곱 금 대접을 쏟아 붓도록 임무를 받았습니다.

15장 :

이 장은 16장까지 기술되지 않은 마지막 일곱 재앙들에 대한 전주곡입니다. 이 장에 언급된 사람들은 13장에 나오는 짐승으로부터 핍박과 사망의 환난을 당했음이 분명합니다. 그들은 하나님의 위대하신 행동을 인하여 그분을 찬양하며 모세의 노래를 부릅니다. <계 15:3, 출 15:1>

15:5-8에서 요한은 하늘의 성전으로부터 일곱 천사가 나옴을 봅니다. 그들은 하나님의 진노가 가득한 일곱 금 대접을 쏟아 붓도록 임무를 받았습니다.

16장 :

1) 첫째 대접 -- 헌데 <16:2>

어떤 이들은 사람들에게 짐승의 표를 받게 하는 방법이 그 표를 감염되어 치료 받지 못하게 될 것이라고 믿고 있습니다.

2) 둘째 대접 -- 바다가 피로 변함 <16:3>

이미 바다 생물의 1/3은 죽임을 당했으나 이제 바다 안의 모든 것이 죽습니다.

3) 셋째 대접 -- 강이 피로 변함 <16:4-7>

이 심판은 셋째 나팔과 매우 흡사하면서도 훨씬 더 극심한 것으로써 이제 모든 강들에 영향을 미칠 것이며 세계의 거의 모든 물 공급은 그칠 것입니다. 그것은 상상하기 어려운 규모의 생명의 손실을 의미합니다. 예수님의 피를 거부한 사람들은 이제 피와 같은 물을 억지로 마시게 될 것입니다.

4) 넷째 대접 -- 해 <16:8-9>

이 심판에서는 해가 뜨거워져서 사람들은 그 열에 탈 것입니다. 어떤 이들은 핵 무기가 태양의 해로운 광선으로부터 지구를 보존하고 있는 오존층을 파괴할 것이라고 믿고 있습니다.

이 대접의 결과로써 사람들은 어떻게 행합니까? <16:9>

____

5) 다섯째 대접 -- 흑암 <16:10-11>

이 대접은 적그리스도의 보좌를 향합니다. 이 흑암은 사람들에게 중대한 심리적 영향을 갖게 할 것입니다. 그들은 어떻게 할 것입니까? <16:10-11>

____

____

6) 여섯째 대접 -- 유브라데 강이 마름 <16:12-16>

유브라데강은 이 당시 의심할 여지 없이 이스라엘의 동쪽 경계에 있게 될 것입니다. 약속의 땅에 관한 하나님과 아브라함 사이의 언약에 있어서 하나님은 창세기 15:18에 어떠한 약속을 하셨습니까?

____

____

어떤 이들은 열왕기상 4:20-21과 역대하 9:26의 연구와 같이 이스라엘이 한 때 창세기 15:18에 나오는 아브라함에게 약속된 모든 땅을 소유했다는 것은 증명되어야 할 것이라고 설득력 있게 논쟁해 왔습니다. 솔로몬 왕국의 경계와 하나님에 의해 아브라함에게 약속된 땅 사이에는 유사점이 있습니다.

그러나 다윗과 솔로몬의 왕국의 정점에서 조차 단지 그 땅의 일부만이 실제로 소유되었으며 나머지 곳으로부터는 조공이 바쳐졌던 것입니다. 그러므로 역사의 어떠한 시대도 이스라엘이 실제로 그들의 모든 기업을 소유했던 적은 없습니다.

194면에 나오는 오늘날의 중동지역의 지도를 보시고 아래 질문들에 대답하십시오 :

오늘날 만일 이스라엘이 창세기 15:18에 약속된 기업을 소유하려 한다면 어떤 국가나 또는 국가의 일부를 그들이 정복해야 합니까?

1.____________________ 4.____________________

2.____________________ 5.____________________

3.____________________ 6.____________________

어떠한 현대의 "초 능력자"가 그들을 북동쪽으로 더욱 가깝게 밀어 넣을 것입니까?

____

이스라엘이 곧 이 모든 땅을 정복하는 것이 불가능해 보일지 몰라도 우리는 1967년 6월의 7일 전쟁에서 이스라엘이 그들 영토의 경계를 두 배로 한 것을 반드시 기억해야 합니다.

16장의 13-14은 사탄과 적그리스도와 거짓선지자인 것 같은 세 더러운 영들을 기술하는데 그들은 나라들은 하나님께 대하여 최후의 필사적인 반역을 하도록 속입니다. 그 나라들은 '아마겟돈'이라 불리는 곳에 모입니다. '아마겟돈'이란 단어는 "므깃도의 산"을 의미합니다.

7) 일곱째 대접 -- 지진과 우박 <16:17-21>

이것은 세상의 가장 파괴적인 지진이 될 것입니다. 이 지진에 의해서 지구의 완전한 쇄신이 초래될 것으로 보여집니다. 이 재앙에 더하여 한 달란트(약94파운드)무게의 우박이 하늘로부터 떨어질 것입니다.

이 극심한 심판에도 불구하고 어떤 사람들은 살아 남아서 계속하여 하나님을 훼방할 것입니다. <16:21>

오늘의 중동

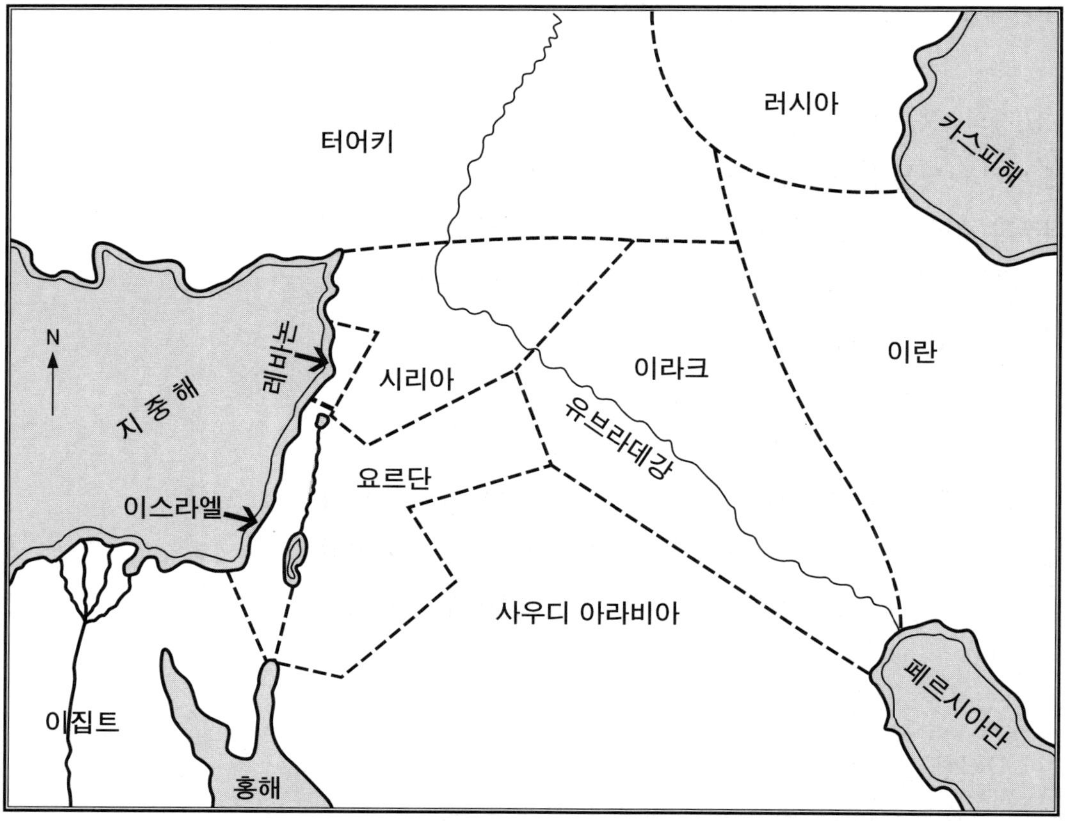
터어키
러시아
카스피해
N
지중해
레바논
시리아
이라크
이란
유브라데강
요르단
이스라엘
사우디 아라비아
페르시아만
이집트
홍해

제52주 요한계시록 17-22장

17장 :

요한계시록 17장과 18장은 바벨론의 멸망을 묘사한 막간의 장면입니다. 문자적인 바벨론은 구약 선지자들에 의해서 너무 자주 공공연히 비난을 받았기 때문에 그것은 인간의 자만과 부패의 동의어가 되어 버렸습니다. 사도요한과 그의 독자들에게 바벨론은 쇠퇴기에 접어든 로마제국의 수도였으며 그것에 관련된 언급은 9절에 분명히 나와 있습니다. 그러나 이 장이 로마제국을 언급하는 것 뿐만 아니라 더 나아가 탐욕과 부정직과 하나님을 대적하는 악을 집약한 최후의 바벨론이 될 마지막 세계조직을 언급하고 있음이 분명합니다.

6절에 의하면 이 최후의 악의 조직인 바벨론은 그리스도인들을 어떻게 다룹니까?

____

____

이 장은 또한 이 현재와 미래의 악의 조직은 멸망한다는 사실을 분명히 해 줍니다. 14절에 의하면 바벨론의 운명은 무엇입니까?

____

____

____

18장 :

18장은 최후의 악의 조직의 운명을 더욱 자세히 기술하고 있습니다. 이 조직의 보상이 엄청나게 매혹적인 것이기 때문에 심지어는 진정한 신자들도 거기에서 나오도록 경고를 받는 것이 4절에서 나타납니다. 명확하게 기술되어 있지 않지만 하나님의 심판이 곧 임할 것을 우리는 8절과 10절에서 봅니다. 어떤 신자는 그것은 아마도 핵 폭탄의 폭발같이 즉각적일 것이라고 믿는가 하면<17-19절> 반면에 다른 이들은 그것은 아마도 1929년의 증권시장의 붕괴와 같은 경제적인 파멸일 것이라고 생각합니다. 그것이 어떠한 것이든 간에 그것은 갑작스럽고 예기치 않은 것일 것입니다.

19장 :

4-8장은 거의 전적으로 지상의 심판을 다루고 있으므로 우리는 4:1에서 휴거된 교회에 대한 광경을 일시적으로 보지 못하였습니다. 주님께서 지상의 나라들을 심판하시는 동안 하늘에서는 두 가지 놀라운 사건이 벌어지게 될 것입니다.

첫째로 거기에는 그리스도의 심판대가 있을 것인데 그 앞에 모든 그리스도인들이 반드시 서게 될 것입니다.<고전 3:11-16, 고후 5:10> 이것은 지상에 있는 동안 있어야 했을 책망과 정결케 함과 고백의 시간이 될 것입니다. 고전 3;11-16에 의하면 어떤 그리스도인들은 상급을 받게 될 것이요 어떤 이들은 해를 받게 될 것입니다. 이 심판 후에 계시록 19:7에 '그 아내가 예비하였으니' 라고 기록된 것과 같이 신부(교회)가 준비될 것입니다.

이것이 지상에서의 심판 동안<계 19:9> 하늘에서 두 번째 사건인 '어린 양의 혼인잔치' 로 우리를 데려갈 것입니다. 마태복음 26:29에 나오는 마지막 만찬에서 예수님은 무엇이라고 말씀하셨습니까?

먼저 과에서 어떻게 세상의 군대들이 짐승과 그의 군대들을 대적하기 위해 팔레스타인에 모였으며 그러나 그들이 그들 서로간의 적개심을 잊고 그리스도와 그의 거룩한 군대를 대적하기 위하여 연합했는가를 기억하십시오.

짐승(적그리스도), 거짓 선지자, 열왕과 지도자들, 그리고 짐승의 표를 받은 모든 자들은 이 전쟁에서 패합니다. 그리고 나서 짐승과 거짓 선지자와 그들을 따르는 자들에게 어떤 일이 일어납니까? <계 19:20-21>

(주 : 이것은 계시록 16:16-21에 기술된 아마겟돈 전쟁의 부분입니다. 17장과 18장은 바벨론과 그의 죄를 설명하는 내용입니다.)

20장 :

짐승과 거짓 선지자는 패하여 지옥으로 던져집니다.<19장> 이제 20:1-3에서 사탄은 무저갱 속으로 던져지지만 이것이 그의 마지막 심판은 아닙니다.<20:3하반절>

20장 4:6은 천년왕국을 간략하게 묘사하고 있습니다. '천년왕국' 이란 말은 무엇을 의미하며 계시록 20;4-6을 읽어보면 그것은 무엇과 같을 것입니까? (또한 이사야 2:4, 11:7-9, 29:18 그리고 35:1-2을 참조 하십시오.)

천년왕국의 끝에<20:7> 사탄은 무저갱 속에서 천년 동안의 고통으로부터 풀려날 것이지만 그는 조금도 변화되지 않을 것입니다. 그는 즉시로 사람들을 속이는 옛날 수작을 하며 돌아다닐 것입니다.

마지막 전쟁은 20:8-10에 기술되었습니다. 여기에 언급된 곡과 마곡은 악의 우주적인 힘을 의인화한 것입니다. 그들은 땅이 사방으로부터 사탄 자신에 의해 인도함을 받습니다. 그 때에 하나님은 9절에서 그들을 불로 소멸하심으로써 그들 위에 그분의 능력을 나타내십니다. 곡과 마곡에 대한 언급은 또한 에스겔서 38장에 나옵니다.

그를 따르는 자들이 멸망한 후 마귀에게 어떤 일이 일어납니까? <20:10>

이제 우리는 성경에서 가장 무서운 부분인 요한계시록 20:11-15로 오게 됩니다.

크고 흰 보좌심판에 나타난 이 사람들은 누구입니까? <20:5-6과 20:13>

(주: 20:13에서 '음부'로 번역된 단어는 '하데스'로써 잃어버린 영혼들이 수세기에 걸쳐 심판을 기다리고 있는 장소입니다.)

음부는 그 영혼들을 내어주고 무덤은 그들의 몸을 내어주면 그들은 이 마지막 부활에서 함께 만납니다. 그리고 나서 그들은 그들의 영원한 운명을 받아들이기 위해 하나님 앞에 섭니다.

기록된 책들이 열리고 모든 생각, 말, 행위가 그들의 영원한 형벌의 정도에 관하여 하나님께서 그분의 판결을 선포하시기 위한 증거로써 그들 앞에 놓여 질 것입니다.

마태복음 11:21-24과 누가복음 12:47-48을 읽으시고 이 두 문맥에 기록된 것으로 보아 예수님께서 심판에 관하여 무엇을 의미하신다고 생각하는지 설명하십시오.

___

___

___

지옥에서는 형벌의 등급이 있을 것입니다. 하나님은 각 사람이 그리스도를 영접해야만 했던 기회들과 각 사람이 가졌던 지식의 분량, 그리고 각 사람이 살았던 환경까지도 그리고 뿐만 아니라 그들의 죄의 정도와 분량까지 참작하실 것입니다.

21장 :

옛것이 사라짐에 따라 새 하늘과 새 땅(21:1)이 가능하게 되었습니다. 옛 하늘과 옛 땅에는 어떤 일이 생겼습니까? <벧후 3:7,10>

___

21:9-21에서 우리는 새 예루살렘에 대한 꽤 상세한 묘사를 발견합니다. 거기에 12문, 12천사, 12샘, 12사도들의 이름과 12진주가 있습니다. 15-17절에 나와있는 이 세부묘사와 치수들이 문자적으로 취급되어야 하는가에 대해서는 많은 논란이 있습니다. 그러나 하나님께서 그분을 사랑하는 자들을 위해 예비하실 것들은 사람의 마음으로 깨닫지 못한다는 것을 기억해야 합니다. <고전2:9> 그러므로 요한이 말로는 적절히 묘사할 수 없는 도시를 묘

사하기 위해 시도할 필요가 있었던 것입니다. 그는 죽음을 면할 수 없는 인간들을 이해할 수 없는 용어를 사용해야만 했습니다.

22장 :

22장의 처음 다섯 구절은 새 예루살렘 내부의 상황에 관해 더욱 자세한 묘사를 우리에게 해 줍니다. 그리고 나서 6절의 시작에 이 책의 마지막에 오면서 주 예수께서 세 번 "내가 속히 오리라"고 말씀하십니다. "내가 속히 오리라"는 말은 예수님께서 요한의 시대에 오시려고 한다는 것을 의미하지 않지만 이 일들이 일어나기 시작할 때는 결코 지체되지 않을 것을 의미합니다.

22:18-19에서 어떠한 마지막 경고가 주어졌습니까?

____

____

____

____

제53주 신약의 복습

Ⅰ. 짝 맞추기

빈칸에 알맞은 글자(a,b,c)를 넣음으로 아래의 짝을 맞추십시오.

________	1. 빌립보서	a. 편지
________	2. 사두개인	b. 언약
________	3. 살로메	c. 헤롯의 딸
________	4. 바리새인	d. "사랑의 장"
________	5. 서기관	e. 반(half) 유대인
________	6. 사마리아인	f. 세금 거두는 자
________	7. 세리	g. 목 베임
________	8. 성서	h. 저자가 알려지지 않음
________	9. 누가복음	i. 가장 짧은 복음서
________	10. 마가복음	j. 율법의 교사
________	11. 요한복음	k. 대 제사장
________	12. 서신서	l. 유일한 이방인 저자
________	13. 오순절	m. 그리스도인의 기쁨
________	14. 고린도전서 13장	n. 부활을 믿지 않음
________	15. 스데반	o. 율법가들
________	16. 세례요한	p. 사랑 받는 제자
________	17. 가야바	q. 성령강림
________	18. 히브리서	r. 첫 번 순교자

Ⅱ. 지리

다음의 장소에 도달하기 위해 당신은 어느 방향으로 여행해야 합니까?

1. 예루살렘에서 여리고로 ______________________________
2. 가나에서 사마리아로 ______________________________

3. 나사렛에서 베들레헴으로 ____________________

4. 가나에서 가버나움으로 ____________________

5. 가이사랴에서 베다니로 ____________________

Ⅲ. 신약의 인물 알아 맞추기

____________ 1. 요한의 형제

____________ 2. 디모데의 외조모

____________ 3. 자주 장사

____________ 4. 그리스도인이 되도록 거의 설득 당한 자

____________ 5. 충이 먹어 죽은 자

____________ 6. 에베소의 여신

____________ 7. 우뢰의 아들

____________ 8. 거짓의 아비

____________ 9. 예수님을 팔아 넘긴 자

____________ 10. 여리고의 거지 소경

____________ 11. 부자의 대문가에 앉아 있던 거지

____________ 12. 예수 그리스도를 위해 갇힌 자

____________ 13. 도망친 종

____________ 14. 그 딸이 예수님에게 치료받은 회당장

____________ 15. 디두모라 불리운 자

Ⅳ. 신약의 내용 알아 맞추기

__________ 1. 유다는 이것을 위해 예수를 팔아 넘김

__________ 2. 5000명을 먹이고 남은 것

__________ 3. 행각 다섯이 있던 곳

__________ 4. 예수님께서 사마리아 여인과 얘기하시기 위해 앉아 계셨던 곳

__________ 5. 죄의 삯

__________ 6. 바울에 의하면 그것은 우리의 몽학선생이었음

__________ 7. 가이오에게 보낸 서신

__________ 8. 디베랴 바다의 흔히 쓰여지는 이름

V. 지명 알아 맞추기

__________ 1. 알지 못하는 신을 위해 세워진 제단

__________ 2. 요한이 계시록을 기록한 곳

__________ 3. 예수님께서 삭개오를 만난 곳

__________ 4. 빌립, 안드레와 베드로의 고장

__________ 5. 마리아가 예수님 발에 기름을 부은 곳

__________ 6. 마리아와 마르다와 나사로의 고장

__________ 7. 예수님을 따르는 자들이
처음으로 그리스도인이라 불리운 곳

__________ 8. 고넬료의 고장

__________ 9. 요한 마가가 바울과 바나바를 떠난 곳

__________ 10. 바울과 바나바가 신으로 간주된 곳

__________ 11. 그리스도께서 하늘로 올리운 곳

__________ 12. 종교 재판소(Mars Hill)가 있던 곳

__________ 13. 베드로가 세금을 내기 위한 돈을 발견한 곳

__________ 14. 예수님께서 자라나신 곳

VI. 기억해야 할 구절들

다음 말씀들이 나오는 성경 구절들을 적어 넣으십시오.

마태복음 _____ : _____ 1. 심령이 가난한 자는
복이 있나니

요한복음 _____ : _____ 2. 태초에 말씀이 계시니라

빌립보서 _____ : _____ 3. 내게 능력주시는
그리스도 안에서 모든 것을
할 수 있느니라

데살로니가전서 _____ : _____ 4. 쉬지 말고 기도하라

고린도전서 _____ : _____ 5. 믿음 소망 사랑 이 세가지는
항상 있을 것인데

에베소서 _____ : _____ 6. 하나님의 전신갑주를 입으라

빌립보서 _____ : _____ 7. 무엇에든지 참되며

디모데후서 _____ : _____ 8. 자신을 하나님 앞에

드리기를 힘쓰라

로마서 ______ : ______ 9. 우리가 알거니와 하나님을 사랑하는 자에게는 모든 것이 합력하여 선을 이루느니라

디모데후서 ______ : ______ 10. 하나님이 우리에게 주신 것은 두려워하는 마음이 아니요

마태복음 ______ : ______ 11. 수고하고 무거운 짐진 자들아 다 내게로 오라

히브리서 ______ : ______ 12. 모이기를 폐하는 어떤 사람들의 습관과 같이 하지 말고

갈라디아서 ______ : ______ 13. 스스로 속이지 말라 하나님은 만홀히 여김을 받지 아니하시나니

야고보서 ______ : ______ 14. 이러므로 사람이 선을 행할 줄 알고도 행치 아니하면 죄니라

야고보서 ______ : ______ 15. 너희는 도를 행하는 자가 되고 듣기만 하여 자신을 속이는 자가 되지 말라

베드로후서 ______ : ______ 16. 주의 약속이 어떤이의 더디다고 생각하는 것 같이 더딘 것이 아니라

히브리서 ______ : ______ 17. 하나님의 말씀은 살았고 운동력이 있어

히브리서 ______ : ______ 18. 믿음이 없이는 기쁘시게 못하나니

제54주 성경여행 후기 및 재학습 계획

당신은 1년 이상 매주 성경여행을 다녀왔습니다. 때로는 지치고 때로는 놀라운 깨달음의 기쁨을 맛보았을 것입니다. 여러분의 의지와 노고에 박수를 보냅니다. 성경여행의 감동을 좀 더 의미있게 남기기 위해 다음 질문을 서로 나누어 봅시다.

이 질문을 중심으로 성경여행 보고회를 갖는 것도 괜찮겠지요?

1. 여행을 마친 당신과 동료에게 한 마디를 한다면

2.여행을 하시기 전에 성경에 대한 자신의 생각과 여행 이후 달라진 생각이 있다면 무엇인가요?

3.성경여행 중 만난 인물중 가장 기억에 남는 인물은 누구이며 자신에게 어떤 신앙적 교훈이 되었나요?

4. 성경여행중 크게 은혜받은 사건과 말씀은 무엇인가요?

5. 이제 성경 66권 전체를 둘러보았습니다. 그러나 우리는 이제 성경을 좀 더 면밀하고 다양하게 공부할 필요가 있습니다. 당신의 성경 재학습의 계획은 무엇인가요?

참고 도서 목록

● 외국서적

– Alexander, David and Pat, eds. Eerdmans' Handbook to the Bible. Grand Rapids, Michigan: Wm. B. Eerdmans Publishing Company, 1973.

– Criswell, W. A. Expository Sermons on Revelation. Grand Rapids, Michigan: Zondervan Publishing House, 1962.

– Fry. William Francis. Notes and Outlines of the Books of the Bible. Kingsport, Tennessee: Kingsport Press, 1940.

– Harper, A. F. ed. Beacon Bible Commentary (a ten–volume set). Kansas City, Missouri: Beacon Hill Press of Kansas City, 1964.

– Jensen, Irving L Jensen Bible Study Charts (Volumes 1 and 2, Old Testament). Chicago, Illinois: Moody Press, 1976.

– McNichol, John. Thinking Through the Bible. Grand Rapids, Michigan: Kregel Publications, 1944.

– Mears, Henrietta C. What The Bible Is All About. Glendale, California: Regal Books, 1953.

– Mehlis, Marjie. The Holy Land (A Multimedia Learning Kit). Elgin, Illinois: David C. Cook, 1973.

- Ragont, Joe. The Tabernacle (Transparency Teaching Kit). Chicago, Illinois: Moody Bible Institute, 1978.

- Strauss, Lehman. The First Person. Neptune, New Jersey. Loizeaux Brothers, 1967.

- Tenney, Merrill C. ed. Zondervan Pictorial Bible Dictionary. Grand Rapids, Michigan: Zondervan Publishing House, 1963.

- Udd, Timothy E. Kings and Prophets (A Multimedia Learning Kit). Elgin, Illinois: David C. Cook, 1976.

- Unger, Merril F. The New Unger's Bible Handbook. Chicago, Illinois: Moody Press, 1966.

- Vine, W. E. Expository Dictionary of New Testament Words. Old Tappan, New Jersey: Fleming H. Revell Co. (No copyright)

- Wiersbe, Warren W. Be Joyful. Wheaton, Illinois: Victor Books, 1971.

- Wiersbe, Warren W. Expository Outlines on the Old Testament. Covington, Kentucky: Calvary Book Room, 1968.

- Wiersbe, Warren W. Expository Outlines on the New Testament. Covington, Kentucky: Calvary Book Room, 1965.

- Young Robert Young's Analytical Concordanceto the Bible. Grand Rapids, Michigan: Wm. B. Eerdman's Publishing Company, 1964.

참고 도서 목록

●국내서적

- 심종석, 고대 오리엔트의 역사를 통해
  조명하는 구약성서의 이해(서울, 이컴비즈넷 2005)

- 유기성, 예수님의 사람 (서울, 도서출판 KMC 2007)

- 이원희, 최신판 해설 성서 지도 (서울, 예본출판사 2007)

- 이진우, 성경인물 집중탐구2 (서울 글샘 2000)

- J. A. 모티어 외, IVP 성경주석 신약구약
  (서울, 한국기독학생회출판부, 2001)

- 민경식, 신약성서 우리에게 오기까지
  (서울, 대한기독교서회 2008)

- 서명수, 교회력에 따른 설교로드맵
  (서울 도서출판 기쁜날 2008)

- 헨드릭 빌렘 반 룬, 명화로 보는 성서이야기/신약구약2권
  (서울, 생각의나무 2003)

- 사라 카 곰 , 제니퍼 스피크 세계명화 비밀 - 성서 상징
  (서울, 생각의나무 2003)
  Chicago, Illinois: Moody Bible Institute, 1978.